6月の雷撃

朝鮮戦争と金日成体制の形成

森　善宣

社会評論社

故李錫寅先生님に
本書を捧げる

目　　次

はじめに——内部矛盾の展開としての朝鮮戦争

朝鮮戦争は、矛盾に始まり、矛盾で終わった。大韓民国【以下「韓国」と略記】と朝鮮民主主義人民共和国【以下「北朝鮮」と略記】の南北分断体制を背景に、後者の権力構造上の矛盾は、金日成をして冒険主義的な開戦を決行せしめた。しかし「矛盾」の原意どおり、双方は同盟国の援助を受けながらも相手を攻め取れず、また自国民を守り切れなかった。双方は、軍人はもちろん夥しい無垢の民間人が犠牲となる虐殺と蛮行を繰り返した(1)。そして停戦協定が締結される中、この戦争の結果として「対立の相互依存（mutual dependence on antagonism）」構造と筆者が呼ぶ矛盾の構造が南北朝鮮間に形成されたのである(2)。

本書は、朝鮮戦争と前後する朝鮮現代政治研究の最初の成果として、朝鮮戦争の開戦に至る経緯を扱う。本書の副題から分かるとおり、内部矛盾の展開として開戦に至る経緯を研究する場合、その研究目的は大略つぎの３つに集約できる。

イ．北朝鮮における金日成《キムイルソン》の個人独裁体制の形成過程をその内部の行動原理に沿って正しく理解する。特に、朝鮮戦争の開戦と前後する歴史的な連続、断絶、そして変容の各側面を把握する。

ロ．朝鮮戦争の性格規定についてより深い洞察に達する。この洞察は、開戦主体とその支援者を正しく設定した上で、その内部的な相互関係を省察して初めて得られるものである。

ハ．ここから朝鮮戦争の戦争責任と南北朝鮮間の和解についての問題にも新しく光を当てる。事実関係の究明から加害主体の認定を経て謝罪に至り、そこで初めて「許し」と贖罪の可能性が出て来る。

以上のような研究目的は、北朝鮮の内部状況に深く分け入ることなしには得られない。なぜならば、一見なにも相互に関係がないように思われる諸事件も、内部の行動論理と行動様式を探求すると、そこに思いも寄らぬ豊かな意味と意義を語り出すからである。かつて文化人類学の泰斗であるレヴィ＝ストロース（Claude Lévi-Strauss）は、認識とマルクス主義について語る中で「理解するということは、実在の一つの型を、別の一つの型に還元することだ、ということであり、真実の実在はけっして最も明瞭なものではない、ということであり、さらに、真実というものの本性は、真実が身をかくそうとするその配慮のなかに、すでにありありとうかがわれる、ということである」と書いた[(3)]。もちろん、筆者は本書で朝鮮戦争の開戦に至る経緯の全てを理解して語り尽くせると考える程に有能でもないし、また傲慢でもない。

ここから本書に続いて拙著「朴憲永《パッコニョン》と朝鮮現代政治――『対立の相互依存』構造の形成過程に関する研究――」、そして「朝鮮分断の構造変容――『協力的な分断』構造の形成とその展望――（仮題）」が刊行され、本書と共に朝鮮現代政治研究の３部作をなすであろう。この３部作を貫く赤い糸は、朝鮮現代政治の主体が他でもない韓国人と朝鮮人を自称する朝鮮民族であり、彼らの生き生きとした政治活動を再構成する作業を通じて、朝鮮半島の平和と繁栄に少しでも貢献したいという密かな希望である。

この意味において筆者は、朝鮮半島の平和と繁栄のためにその生涯を捧げられた先駆者であると同時に筆者の朝鮮現代政治研究の恩人である故李錫寅《イソギン》先生に本書を捧げたい。「タイガー・李」の異名をとった故李錫寅先生は、長年にわたり『統一日報』論説委員として「東京アンテナ」に名筆を揮われる一方、筆者のような後進の研究に道を開いて下さった(4)。筆者は、1985年9月〜1990年2月に韓国政府奨学金留学生としてソウルに留学、研究するに当たり故李錫寅先生から多大なご援助を頂戴したのみならず、帰国後も公私にわたりご指導とご支援を賜った。

本書の刊行に当たり、長年にわたり故李錫寅先生と共に筆者を叱咤、激励していただく令夫人であられる大國未津子先生から跋文を頂戴できたことに深く感謝を申し上げる次第である。もちろん、本書が捧げるに値する内容を持つかどうかは、読者諸氏のご判断に任せる他ない。また、本書の文責が筆者のみにある点は、ここで述べる必要もないであろう。さらに、出版を引き受けていただいた社会評論社にも厚く御礼を申し上げる。

本書では跋文を除いて以下、朝鮮半島の分断状態から次の用語や用法を使用することを予めお断りしておく。本書が扱う時期からして、南北分断体制を指す場合は韓国、北朝鮮と称するが、日本における通例に従い、朝鮮人、朝鮮民族、朝鮮半島という用語を使い、特に地域名を言う時には南朝鮮地域、北朝鮮地域と表記する。全連邦共産党は本書ではソ連共産党と表記し、ロシア語の表記は先行研究者による一定の使用に従う。初出の固有名詞のうち本文中でのみ、欧米人の姓名には丸括弧（　）内に英文表記を入れ、韓国・朝鮮人の姓名と朝鮮半島の地名には韓国語の用法に沿ってルビを振ったが、中国人の姓名や中国の地名には四声（ピンイン）の問題などがあるので省略することとした。長い組織名を略記する場合は初出の際に但書【　】をつけて示し、後続する章では初出に丸括弧（　）を付す。

脚注については、各章末ごとにまとめ、資料を略記する場合、初出の脚注に但書【　】を付けて示した。資料のうち、米国立公文書館付属米国立記録保管所（National Archives and Records Administration: NARA, National Records Center）に所蔵された、朝鮮戦争時期に国連軍が捕獲した所謂「鹵獲文書」の多くは、1993年以来スートランド（Suitland）から現在のカレッジ・パーク・シティ（College Park City）へ移転され、資料を分類する記号・番号付けが変化した関係で、筆者が1992年に収集した資料はNAとして当時の分類のままに記号・番号を記した。移転の過程で資料にふられた記号・番号は、NAⅡとしてそのまま転記している。また、ロシア資料として引用した電文については「スターリンからシトゥイコフへ（1949年2月14日）」のように、複数の資料を照合して確定した送受信の主体と年月日を示す。

さらに、本文と脚注において筆者が補足する場合、二重山括弧《　》をつけてこれを示した。なお、本書の本文中では一部の故人などを除き、実在する人物を含めて多くの場合は敬称を省略する。

註

⑴　朝鮮戦争中の虐殺と蛮行については近年、韓国において研究が進展しているが、最も先駆的に論じたのは朴明林である。朴明林『韓國1950――戰爭과　平和――』서울、나남出版、2002年、第6章、を特に参照されたい。【以下『韓國1950』と略記】

⑵　この概念については、差し当たり次の拙論を参照されたい。森善宣「朝鮮半島の分断構造と平和構築」、『長崎平和研究』第17号（長崎、2004年5月）、105-115頁。

⑶　Claude Lévi-Strauss, *Tristes Tropiques*（川田順造訳「悲しき熱帯」、泉靖一編著『世界の名著』59、東京、中央公論社、1972年、403頁。）

⑷　故李錫寅先生のご略歴については本書末尾の跋文に詳しいので、参照されたい。

第1章

問題の所在と研究方法および研究動向

第1節　問題の限定――朝鮮戦争の開戦主体

これまでの朝鮮戦争研究にあって朝鮮戦争の開戦に至る経緯については既に相当部分が判明したが、朝鮮戦争の開戦を決行した北朝鮮政権内部の行動論理と行動様式については未だ判然としないのが実情である。これは特に、資料の制約から来る歴史的な事実の未確定、南北分断体制から直接に由来するイデオロギー的な歴史解釈、そして北朝鮮が繰り返す歴史の偽造などの諸原因によるところが大きい。

これらの諸原因のうち資料の制約については、旧ソ連邦の崩壊と東西冷戦の終焉後に公開されたロシア資料ならびに人民志願軍を送った中国から出される証言や資料などにより、かなりの部分が克服されつつある。また、韓国留学経験はあるものの、日本人が行う研究として本書はイデオロギー的な歴史解釈から比較的に自由であり、ましてや北朝鮮による歴史の偽造とは何らの関係もない。もちろん、それは、筆者が朝鮮半島に植民地統治を行った過去を持ち、依然として北朝鮮とは国交正常化を果たしていない日本で生まれ育ったところから来る自らの存在被拘束性（Seinsvergebundenheit）を認識していないという意味では決してなく、差別抑圧構造の社会に住む中で内面に取り込まれた視座構造を充分に理解した上での話である。

本書では朝鮮戦争の開戦に至る経緯を検証するに当たり、朝鮮現代政治の主体として朝鮮民族なかんずく北朝鮮の政治指導者たちを定立した上で、彼らの政治活動を時系列に従って再構成していく。朝鮮戦争の開戦に先立ち、日米中ソなど周辺諸大国からの多大な影響を考慮するのは当然ながら、朝鮮統一という名目の下で開戦を決行したのは、正に朝鮮人とりわけ朝鮮人共産主義者たちであったことが今や明白であるように思われる。

この事実を日本で最も早く喝破したのは、著名な歴史学者の信夫清三郎だった。彼は著書『朝鮮戦争の勃発』において「内戦勃発をめぐる最も根本的な問題は、金日成が、単に李承晩《イスンマン》の挑発を撃退し、かくして李承晩の攻撃を前年来ひきつづいていた国境紛争に終わらせるだけでなく、平和的統一にかわる武力的統一を実行にうつし、かくして韓国にたいする全面的な攻撃を開始したという事実のなかにある。（中略）朝鮮戦争は、おそらくは李承晩の挑発に発し、確実には金日成の武力的・革命的統一戦争として開始された。しかし、この戦争の性格は、初発においてはあくまでも内戦であった」と述べ、北朝鮮による北緯38度線を越えての南侵の決行こそが開戦をもたらしたと正しく指摘した[(1)]。

のちに福田茂夫は『朝鮮戦争の勃発』で信夫清三郎が試みた主張・分析を次のように要約している。「⑴朝鮮の問題は朝鮮民族内の問題と見るべきである。金日成の武力攻撃開始は民族統一の行動で、それが国際戦争としての朝鮮戦争を勃発させたのではなく、それは内戦の開始である。⑵それを国際紛争にしたのは、その後の米軍介入で、その介入開始が朝鮮戦争の勃発である。⑶世界の社会主義陣営・勢力は、朝鮮の事態を朝鮮民族内の問題とさせるように努力すべきであった。しかしソ連は、その努力をせず、ヨーロッパでの国益維持を第一としていた。その点で、中国の態度には評価できるものがある。」[(2)]

朝鮮戦争の開戦当初における性格の問題はじめ信夫清三郎の主張には時代的な制約から問題が多く、これらは本書で改めて論じられるが、少なくとも北朝鮮が開戦の主体である点については疑問の余地はなかろう。これと関連して、朝鮮戦争を旧ソ連邦とくに当時のソ連首相スターリン（Joseph V. Stalin）が主導したという説明は、既に資料的に裏付けられないことが判明している[(3)]。もちろん、スターリンが1950年初期、開戦に気が早る北朝鮮の「同志」たちを操って中国人共産主義者たちに罠をかけた恐れは充分にあり得るが、それは全く別問題である。

また、カミングス（Bruce Cumings）が主張するような「遠隔操作（remote control）」理論と本書の論議とは、必ずしも食い違うわけではない[(4)]。仮に後日カミングスが正しかったと判明すれば、むしろ本書の論議から金日成をいかに米国が巧妙に操ったかが克明に理解できよう。ただし筆者は、その書評で示したとおり、彼の陰謀理論（Conspiracy Theory）には同意できない[(5)]。

北朝鮮が主体として開戦を主導したという論議の展開は、彼らが喧伝する「主体思想」に照らしても決して筋違いではあるまい。そこでは日米中ソの各アクターが必要な限りで充分に考慮され、また軍事的な側面も説明に不可欠な限りで記述されるが、弱小民族として朝鮮人とくに朝鮮人共産主義者たちが外勢をいかに認識して、これをどのように政治的に利用しようとしたかがより重要なのである。そこで本書では取り扱う問題を限定するため、朝鮮戦争の開戦を主導した朝鮮人共産主義者たちに主要な焦点を当てると共に、歴史的にも地域的にも南北朝鮮の政治情勢の展開を中心に論議を進める。

研究対象時期の限定に関して言えば、開戦に至る経緯の持つ歴史的ならびに地域的な広がりと深さを追求していくと、研究は際限なく広く深くなり論議が取り留めもなくなる。例えば、それが日本の植民地統治時代にまで及ぶとして、どれだけ膨大な論議がなされねばならないか誰でも分かることだ。また、「中国革命の帰結」とする見解から中国の「朝鮮の同志に対する義理」を朝鮮戦争に収斂させていく場合(6)、例えば中朝の両共産主義勢力の協力関係を論じ始めれば、本書で著述の可能な論議を大きく超えるのは明白である。ここから本書では、朝鮮戦争の開戦に至る経緯を1948年8～9月に樹立された南北分断体制の権力構造の分析から始めて、開戦後の1950年8月に朝鮮労働党中央委員会委員長に金日成が就任するまでに限定して扱うことにする。

本書では先行研究の成果を踏まえて、主に南北分断体制から加わった祖国朝鮮を統一すべしとする構造的な圧力の中、朝鮮人共産主義者たちがどのように考えて行動したのか、またそこで展開された朝鮮統一の戦術選択をめぐる権力闘争の過程を朝鮮戦争の開戦に至る経緯として描き出す。その結果として、金日成の権力喪失から生じた開戦工作の再開とその成功こそ、内部矛盾の展開として朝鮮戦争を捉える最重要なポイントだと理解されるはずである。

そして、開戦後に金日成が実権を掌握する過程は、開戦前の事態の展開を認識する上で極めて重要であり、開戦と前後する歴史的な連続性の側面が強調されねばならない。特に金日成と朴憲永の対立は、単に開戦後に表面化した敗戦責任についての内部の葛藤や停戦の是非をめぐる確執などに矮小化されてはならず、開戦に至る経緯から直接に由来することが正しく認識される必要がある。

結論的に朝鮮戦争の開戦は、1876年の朝鮮開国以降、国民国家型の独立主権国家の樹立を目指した朝鮮独立運動の一形態たる朝鮮共産主義運動の中において、その運動の主導権の掌握を目指した権力闘争の産物であって、単純に朝鮮民族主義の発露としてのみ理解されてはならない。もちろん、この民族主義的な熱情が朝鮮戦争の開戦に果たした役割については本書の中で詳しく検討されるし、朝鮮戦争の性格規定を考察する上でも重要な主観的パッションとして評価されることになる。

このように内部矛盾の展開として朝鮮戦争の開戦経緯を捉えるという場合、本書の論議を通じて検証される主要な矛盾する論点は、次のとおりである。

1）朝鮮統一のために樹立された北朝鮮政権が目指した国民国家の胎む民族と階級の矛盾、
2）執権政党の主導権を喪失した金日成が政府首班として政策の執行責任者であった矛盾、
3）朝鮮労働党の「平和的統一方策」を含む朝鮮統一戦略と金日成らが追求した全面内戦の戦術との矛盾、
4）開戦と前後して同党内で米軍が介入するか否かをめぐり生じた対米認識上の矛盾。

本書は、以上の諸論点を検証することを通じて、少なくとも次のような矛盾と思われる疑問に解答を与え得ると考える。

a) アロン（Raymond Aron）の定義どおり[7]、冷戦が「平和は不可能であるのに、戦争も起こりえない」状態であるとすれば、朝鮮戦争を「冷戦の熱戦化」として説明することは定義上の矛盾である。ここに冷戦とは別に熱戦についての論理的な説明が必要である。

b) 中国の「解放」が残すところ台湾とチベットという時点で、なぜ金日成は敢えてそれを待たずに全面内戦を始めたのか。中国の完全「解放」が完成されれば、北朝鮮政権にとっても朝鮮統一は容易にこそなれ、決して不利には働かなかったはずである。

c) 朝鮮戦争の開戦日はなぜ1950年6月25日なのか。韓国の「北侵」を偽装する意図であったならば、6月23日24時を期して韓国軍が非常警戒命令を解除していた時点の日曜日に北朝鮮が攻撃を開始したのは、いかにも偽装を明かす間の抜けた話だ。

d) 金日成が朝鮮戦争中から着手した朝鮮労働党内の「血の粛清」は、なぜ徹底かつ執拗に継続されたのか。政治権力とは何ら関係のなかった人物までも対象とした理由を探ると、この戦争の前と後をつなぐ金日成自身の行動論理の連続性を看取できる。

筆者は常々、「冷戦（Cold War）」が「熱戦（Hot War）」に転化するという定義上は起こり得ない矛盾した現象に解答を導き出したいと考えてきた。また、朝鮮戦争勃発の前と後に起きた諸事件を連続して説明する論理整合的な体系を構築しようとも模索してきた。上述の諸矛盾を解く論理一貫した説明を得るべく、本書では次のような研究方法を用いる。

第２節　研究方法および研究動向

朝鮮戦争の開戦に至る経緯を研究する困難は、前述のように資料の制約、イデオロギー的な歴史解釈、北朝鮮による歴史の偽造などから来ている。まず、これらの諸原因のうち資料の制約については、中ロ資料の公開により相当部分が克服されたと言える。もちろん、中国からの資料の公開は未だ不十分であり、中国共産党直属の資料室である档案館には、まだ数多くの中朝間の交信記録などが秘蔵されていると見られ、その公開が待たれるところである[8]。

本書では、歴史的な事実を確定すると同時に朝鮮戦争の時期から本格化した北朝鮮からする歴史の偽造を克服するため、韓国、北朝鮮、米国、中国、ロシアの諸資料を可能な限り収集し、それらの比較考証を通じて、開戦に至る経緯の検証を進める。本書で用いられる諸資料は、誰でも入手可能なものがほとんどである。だが、それらを比較考証する作業がなければ、南北朝鮮間のイデオロギー的な理念対立から歴史的な解釈の違いが最高潮に達する開戦前後の時期を正しく認識できない。

北朝鮮からは一貫して米国が戦争を挑発したのだと主張され、この主張を受けて日本でも同様な宣伝がなされてきた[9]。反対に、主導勢力の差異はあるものの、韓国からは共産主義陣営が全面攻撃をしかけてきたと主張されてきた[10]。米国では国際政治学の２つの学派である「正統主義（Orthodox）」と「修正主義（Revisionism）」の主張を中心に多様な主張がなされてきた。この中から1980年代に実証的な朝鮮戦争研究に端緒をつけたカミングスは、長大な論議の末に「誰が朝鮮戦争を開始したか？　この質問は尋ねられるべきではない」として、南北朝鮮が互いに愛し合うことを学べと説いたのだった(11)。このように従来の朝鮮戦争研究では南北朝鮮間の軍事的でイデオロギー的な対立と憎悪をそのまま反映して、この歴史の解釈権をめぐる対立が多かれ少なかれ研究にバイアスをかけてきたと言える。

しかも、ほぼ全ての研究にあっては朝鮮戦争を東アジア史、広くは世界史の一環として位置付けようとする傾向から免れ得なかった。そもそも開戦後すぐに金日成は『ユマニテ』紙のインタヴューに答える中で「朝鮮における同族相争う内乱は（中略）アジアの他の地域で米国の侵略政策を展開するためにも、やはりまた要求されました」と述べている(12)。朝鮮戦争を契機として冷戦が洋の東西を結んで世界大の規模に拡大しただけでなく、韓国人や朝鮮人のみならず多くの外国籍の軍人や民間人に数多くの犠牲者を出した経緯から、その戦争を国際政治史の脈絡の中で位置付け、何らかの意味を付与したいとする作業は、研究者が常に行う意味付けや関連付けの欲求から当然にもたらされたのである。

ここから朝鮮戦争の論議に先立ち、いくつかの諸前提が当然なこととして措定されてきた。ひとつは、北朝鮮が開戦を決行した動機や目的について、よく分からないままに外部的な状況証拠を以て推測されることが多かった。例えば、修正主義の立場を取るカミングスは「北朝鮮が日本軍国主義とその重工業の経済的な基盤の復活、および、その南朝鮮との再統合を恐れた」

と述べている[13]。確かに金日成らは開戦の場合に日本軍の参戦を予想しているかのように語ったが、本書で述べるようにそれが本心だったとは考えられない。このような開戦に何らかの正当な意味があるかのように考える傾向は、それを決行した北朝鮮への批判的な考察を鈍らせる原因のひとつであった。

第二に、何らかの形であれ北朝鮮の内部で開戦決定に同意がなされたはずだという前提である。典型的な一例として、韓国の朝鮮戦争研究の第一人者である朴明林《パンミョンニム》は「戦争の決定は、北朝鮮の最高指導部水準でも合意されなかったことを確認し」つつも「内部の討論と同意なしに戦争を行えない。それは準備そのものを不可能にする」と主張して憚らない[14]。この主張は、組織性と体系性を持つ戦争という人間がなし得る最大限の暴力行為にあってはアプリオリな前提とされ、開戦について討論さえされなかったかも知れないという事態は度外視される。つまり、開戦に至る経緯は合理的に進んだはずだという思い込みがあると、そこでは権力欲や名誉欲といった人間の本源的で非合理的な欲求が果たす役割は軽視されがちになる。

第三に、朝鮮戦争に先立って北朝鮮政権内部には大きな葛藤や対立はなかったであろうという前提がある。この前提を最初に主張したのはカミングスで、特に当時の朝鮮共産主義運動を主導したとされる金日成と朴憲永の関係について「1949年後半までに南朝鮮の共産主義者たちは非常に多くの争点に関して金日成の路線を受け入れた」し、朴憲永は北朝鮮政府では外相という「ほとんど影響力をもたない立場」だったと書く[15]。朴明林も、金南植《キムナムシク》の論議に影響されてカミングスの前提を受け入れている[16]。だが本書で見るように、北朝鮮政権内部で朝鮮統一の戦術をめぐる葛藤と対立が厳然として存在し続け、それが北朝鮮労働党【以下「北労党」と略記】と南朝鮮労働党【以下「南労党」と略記】を統合する過程において政治権力の分配と明確に結び付いていたことは明白である。

これらの諸前提が朝鮮戦争の開戦に至る経緯を研究する場合、一種の暗黙の了解事項として充分に検証されないまま受け入れられてきた。このため開戦に至る経緯のみならず、開戦の前と後をつなぐ一貫した説得力ある研究は、従来ほぼ全無だと言って過言ではない。確かに北朝鮮政権内部の矛盾を開戦と結び付けた研究には、例えば金學俊《キムハクジュン》の先駆的な著作があるものの、いかんせん執筆当時の資料的な制約は大きく、何ら具体的な説得力を持ち得なかった。金學俊は「開戦を促進した派閥抗争」として「金日成派と朴憲永派の、または北労党派と南労党派の権力闘争は、北朝鮮がなぜ全面南侵の道を選択したのかを分析する上で、十分に考慮すべき要因」として「朝鮮戦争の起源には北朝鮮内部の権力闘争が深く介在していたよう」だとしながらも、自ら「このような結論が定説として受け入れられるためには、もっと多くの資料の発掘と証言の聴取が必要とされる」と述べている[17]。

同様に北朝鮮政権内部における開戦決定過程については、これまでまともに論議されなかった。『朝鮮戦争全史』と銘打った和田春樹の著作でも「戦争は金日成、朴憲永、金策《キムチェク》の三人の決断からはじまったということになる」とされるだけで、同書全体でそれ以上の論及はない。ただし和田の論議では、朴明林が主張した当時の北朝鮮の民族保衛相である崔庸健《チェヨンゴン》が開戦に反対したという主張を反駁して1950年「五月二九日の会議にいたるまでには、なんらかの意見の対立はあったかもしれないが、この日の会議で意思統一はできたとみるのが自然」だと述べている点は、より真実に近いと評価される(18)。

少なくとも筆者が知る限り、開戦決定について言及したのは、元南労党員だった朴甲東《パッカプトン》が伝える次の話だけである。「金日成は、武力統一についての準備を完全に終えた後に、すなわち、いろいろな状況を推定してみると4月頃に初めて政治委員会を開き、この計画を承認させたのである。(中略)参席した政治委員たちは、このような議題で突然、政治委員会が招集されたという事実を根拠に判断する時、それ以上は朝鮮労働党政治委員会の手に触れない高い段階である、スターリンと毛沢東が合意、決定してしまった計画を形式的に政治委員会に回付しただけであることを見抜いた」(19)。この朴甲東の証言は、本書の第6章で詳細に検討されるように、仮に朝鮮労働党中央委員会政治委員会が開催されていたとしても時期的に齟齬があるだけでなく、彼が中国亡命後に北京で伝え聞いた話のため、余り説得力を持ち得ない。ただし、金日成が「計画を形式的に政治委員会に回付しただけ」とする開戦の押し付けは、それが決定と言えるかどうかは別として、充分に考えられる意思統一の方式であり、示唆に富んでいる。

本書では、開戦経緯に対するどのような予断や偏見も排除して、信夫清三郎が採用した歴史的な諸資料に語らせる方法を通じて検証を行う。そして、可能な限り複数の資料を提示し、相反する資料や証言を排除せずに考察を加えて、開戦に至る経緯を明らかにしたい。とりわけ筆者はずっと昔、朝鮮史研究の第一人者であられた故梶村秀樹先生から修士論文についてご指導を受けた際に「朝鮮の共産主義者たちの主観的な意図をよく考えなさい」というアドバイスを受けたことがある。このアドバイスは、第1次世界大戦を扱った名著の冒頭でタックマン（Barbara W. Tuchman）女史が引用した名言「戦争にまつわるあらゆる事柄は人間の心情に端を発する」と見事に軌を一にする[20]。筆者の研究において生き続けたこのアドバイスは、本書で開戦の動機と目的を究明するのに強く作用した。遅まきながら、この場を借りてその学恩に感謝を申し上げたい。

註

(1)　信夫清三郎『朝鮮戦争の勃発』東京、福村出版、1969年、30頁。東西冷戦の華やかなりし当時、所属していた日本共産党を脱党してまでも事実関係を特定したことは、イデオロギー対立の激しかった状況と照らし合わせて見ると学問的に極めて真摯な態度として高く評価できる。

(2)　福田茂夫「『朝鮮戦争の勃発』（一九六九年）」、信夫清三郎先生追悼文集編集委員会編『歴史家・信夫清三郎』東京、勁草書房、1994年、257頁。

(3)　先駆的に朝鮮戦争を研究したウェザズビーとカミングスの交換書簡では、後者が北朝鮮はソ連に「完全に依存して」いたわけではない点を指摘すると、前者は「1950年初期にスターリンが心を変えた」と応じている。“Bruce Cumings and Kathryn Weathersby : An Exchange on Korean War Origins”, Cold War International History Project, *Bulletin*, Issues 6-7（Washington, D. C. : Woodrow Wilson International Center for Scholars, Winter 1995/1996）, pp. 121, 123. 韓国人研究者の蘇鎭轍は、1949年3月の北朝鮮政府訪ソ時の会見でスターリンが「全ての戦争問題について援助を与える」と述べたとする資料の偽造を行ってまでスターリンの主導であると主張している。こ

れは、未だに韓国人研究者にも「主体性」が欠如していることを示す証拠のひとつである。蘇鎭轍『韓國戰爭의 起源——國際共産主義의 陰謀——』서울、圓光大學校出版局、1996年、77頁。また、金暎浩は「スターリンのロール・バック戦略」なる曖昧模糊とした概念を用いてソ連の主導を説いているが、開戦に至る経緯、特に1948〜49年の政治過程についてはほとんど言及していない。金暎浩『韓國戰爭의 起源과 展開過程』서울、두레、1998年、第3章。

(4) Bruce Cumings, *The Origins of the Korean War, II : The Roaring of the Cataract, 1947-1950* (Princeton, New Jersey: Princeton University Press, 1990), pp. 409, 412, 432.

(5) 森善宣「B・カミングス著『朝鮮戦争の起源 第2巻「瀑布のとどろき1947〜1950年」』」、『アジア経済』第34巻第11号(東京、1993年)、55-60頁。

(6) 和田春樹『朝鮮戦争』東京、岩波書店、1995年、38頁。

(7) Raymond Aron; translated by Frank Jellinek, *The Imperial Republic : The United States and the World, 1945-1973* (Englewood Cliffes, New Jersey : Prentice-Hall Inc., 1974), pp. 9-12. 邦訳は、永井陽之助『冷戦の起源』東京、中央公論社、1986年、7頁、から引用。また、アロンは「恐怖による平和(peace by terror)」が「恐怖の均衡(the balance of terror)」を形成する状態を冷戦の特徴として論じており、朝鮮戦争における中国人民志願軍の参戦を論じつつ「今日あらゆる内戦は、程度の差こそあれ『孤立』と『国際化』を包含している」と述べている。Raymond Aron, *Peace and War : A Theory of International Relations* (New York : Frederic A. Praeger, Inc.,1967), pp.163, 730.

(8) 中国からの資料の公開については北朝鮮から圧力がかけられていると考えられ、筆者が北京大学朝鮮文化研究所長の金景一教授を通じて資料に接近しようとしたところ、金教授からは「首が飛ぶ」と拒絶の答えが返ってきた。金景一との面談、北京大学、2005年2月4日。

(9) 日本では朝鮮戦争の勃発直後からこのような宣伝がなされている。

グロムイコ・マリク・金日成・朴憲永『侵略者は誰か――朝鮮問題重要資料――』東京、極東問題研究會、1950年。朝鮮民主主義人民共和国外務省編纂『朝鮮における内戦誘發者の正体を暴露する諸文書・資料（李承晩政府記録保存所から発見された諸文書）』祖国防衛全国委員会、1951年。

(10)　韓国で体系的に朝鮮戦争を扱った戦史が刊行され始めたのは1960年代になってからだった。大韓民國國防部戰史編纂委員會『韓國戰爭史』第1巻、서울、東亜出版社、1967年。

(11)　Cumings, *op. cit.*, p. 621.

(12)　「『유마니테』新聞記者　마니앙氏의　質問과　朝鮮民主主義人民共和國內閣首相金日成将軍의　對答」、『解放日報』1950年7月29日、National Archives, Record Group 242, Shipping Advice Number 2005, Box 6, Item 63.【以下“NA, RG ○○, SA# ○○, ○／○”のように略記】

(13)　Cumings, *op. cit.*, p. 463.

(14)　朴明林『韓國戰爭의 勃發과 起源』Ⅰ「決定과　勃發」、서울、나남出版、1997年、258、304頁。【以下『勃發과　起源』と略記】

(15)　Cumings, *op. cit.*, pp. 240, 456. だが同時にカミングスは、朴憲永と金日成の間の「闘争は現実にあった」とも書いている。Bruce Cumings, *The Origins of the Korean War, Ⅰ : Liberation and Emergence of Separate Regimes, 1945-1947*（Princeton, New Jersey : Princeton University Press, 1981), p.424.

(16)　1949年の南北朝鮮労働党の合党以後、南労党の戦術が「朝鮮労働党全体の革命路線の地域戦術以上の意味を持たなかった」ので、「南労党系列と朴憲永の排他的な独占性は喪われた」としている。朴明林『勃發과　起源』274-275頁。

(17)　金學俊『韓國戰爭：原因、経過、休戰、影響』서울、博明社、1989年（鎌田光登訳『朝鮮戦争：痛恨の民族衝突』東京、サイマル出版、1991年、113頁。）この本は最近、修正増補版として再刊された。金學

俊著、Hosoka Yuji 訳『朝鮮戦争——原因・過程・休戦・影響』東京、論創社、2006 年。

⒅　和田春樹『朝鮮戦争全史』東京、岩波書店、2002 年、111-112、116 頁。【以下『全史』と略記】朴明林『勃發과　起源』287-301 頁。

⒆　朴甲東『韓國戰爭과　金日成』서울、바람과 물결、1988 年、70-71 頁。これを踏襲した主張としては、次がある。民族問題研究会編『朝鮮戦争史：現代史の再発掘』東京、コリア評論社、1971 年、64-66 頁。

⒇　この言葉は、陸軍元帥元伯爵モーリス・ド・サックス『戦術随想』（1732 年）序文からの引用とある。Barbara W.Tuchman, *The Guns of August*（山室まりや訳『八月の砲声』東京、筑摩書房、1986 年、5 頁。）

第２章

朝鮮民主主義人民共和国の樹立

副首相兼外相　　朴　憲永

副首相兼産業相　　金　策

都市経営相　　李　鏞

内務相　　朴　一禹

南北分断体制の形成は、既に南朝鮮地域で南朝鮮労働党（南労党）による武装パルチザン闘争が展開される中にあっては、韓国における内戦から両体制間の全面内戦へと至る道を予示していた。韓国が反共国家として共産統治を防ぐところに第一次的な樹立目的があったとすれば、北朝鮮では統一を勝ち取るために政権を樹立、各種の政策を立案して実行していった。

第1節　南北分断体制の形成とその政治的な意味

1945年8月に日本が第2次世界大戦で敗北し、朝鮮半島はその植民地統治から解放された。だが、解放と前後して米ソ両軍が日本の降伏受諾を名目に南北朝鮮地域へ進駐して以降、東西冷戦の進展を背景に北緯38度線は次第に米ソの勢力圏を画する分断線として固定化していった。一方で南朝鮮地域に進駐した米軍は軍政を敷き、韓国民主党に結集した「親日派」朝鮮人たちと協力(1)、再建された朝鮮共産党や民族主義左派勢力を抑圧した。他方の北朝鮮地域にはソ連軍が進駐し、朝鮮人の自発的な自治機関の結成に便乗して占領政策を始めた(2)。北朝鮮政権の樹立までを辿るため、北朝鮮地域の占領実態について少し詳しく検討してみよう。

同年12月に提出された「北朝鮮の政治情勢について」と題する調査報告書によると「ソ連軍司令部は、北朝鮮の一切の政治、経済生活についての指導を、地方自治機関を通じて実施している。すなわち村では村長、面と郡では人民委員会、都市では都市自治機関がそれである」と述べていた。このうち人民委員会は「民主諸グループ間の合意により」創設されたが、「全体6つの道人民委員会は選出されたのではなく、ソ連軍司令部により任命された」。同様に1945年11月、当時の北朝鮮地域で民族主義指導者として「朝鮮のガンディ」と言われるほど高名だった曺晩植《ジョマンシク》をその中央委員会委員長として創設された北朝鮮五道行政局についても、「局長たちは朝鮮人」だが「彼らの横には地方人民委員会の場合と同様、ソ連軍司令部代表が配置されてい」た(3)。このようにソ連軍は、朝鮮人による自治を演出しながら、その背後から政局を操っていた。

このような中で1945年12月27日、米英ソ3国外相会議は「モスクワ協定」を採択した。その中の「朝鮮に関する決定」では、米ソ両占領軍代表から構成される米ソ共同委員会を通じた「朝鮮臨時民主主義政府」樹立と共に、5年間を期限として朝鮮に対する「信託統治」実施を定めたため、所謂「信託統治紛争」が南北朝鮮で巻き起こった。この紛争を契機としてソ連軍は、クリスチャンはじめ民族主義右派勢力を弾圧、排除して(4)、早くも1946年2月8日に金日成を首班とする北朝鮮臨時人民委員会を結成させ、社会経済的な諸改革を独自に断行していった(5)。

「朝鮮に関する決定」を受けて1946年3～5月に第1次、1947年5～9月に第2次の米ソ共同委員会が開催されたが、政府の樹立にあたって米ソ共同委員会と協議する朝鮮人側の対象をめぐり紛糾して結局、同委員会は決裂してしまった。争点の核心は「信託統治」に反対する「意思表示の自由」を認めるか否かであり、米軍政と連携する民族主義右派勢力が「信託統治」実施に強く反対していた(6)。

こののち米国が問題を国際連合に上程したが、ソ連は米ソ両軍の同時撤退と問題の朝鮮人側への移管を主張して対立した。結局、国連中間委員会（小総会）で下された「立入り可能なかぎりの朝鮮の地域内」における選挙を通じて1948年8月15日、南朝鮮地域に李承晩を大統領として反共国家の韓国が樹立を宣言した[7]。そして、南北朝鮮を通じた選挙で選出されたと主張される朝鮮最高人民会議が金日成を政府首班として指名、同年9月9日には朝鮮民主主義人民共和国の樹立が宣言されたのである[8]。

一方の李承晩政権は、国際連合の監視下での選挙という体裁をとってはいたが、その「法統」を受け継ぐとされた大韓民国臨時政府主席の金九《キムグ》と同副主席の金奎植《キムギュウシク》がその選挙をボイコットしたところから明白なように、実体は米国のお手盛りに近かった。ロシアや北朝鮮の資料が一貫して政権を「傀儡」と非難しているのは当然としても、もともと米国は大韓民国臨時政府を「政府」とは認定していなかった上[9]、1947年時点でも李承晩を「彼が一夜にして変節するまでは、知識人以上である機会は全くない」と評価[10]、さらに「米国は、朝鮮人の独立政府樹立を助けるため何百万ドルも支出した」と述べている[11]。

他方の北朝鮮でも「連立内閣として共和国政府を樹立し」たと主張されたけれども[12]、その憲法制定過程が明白に示しているとおり[13]、ソ連の強い統制の下に樹立された衛星国家と言って良かった。しかも、1948年4月中旬に北朝鮮でソ連軍の事実上の最高責任者で米ソ共同委員会ソ連軍代表だったシトゥイコフ（Terentii F. Shtykov）は、マリク（Ia Adam. Malik）らとの連名でソ連外相モロトフ（Vyacheslav M. Molotov）に送った書簡で次のように述べていた。「北朝鮮人民会議が憲法草案を批准するのではなく、承認（認可）することのみが合理的であると見ます。なぜならば北朝鮮人民会議は、全朝鮮憲法を批准する権限がないからです。南朝鮮で米国人たちが国連《朝鮮》臨時委員団の協調の下、今年5月10日に予定された選挙を実施し、南朝鮮単独政府を樹立した後に、朝鮮民主主義人民共和国憲法草案を北朝鮮領内で施行し、《朝鮮》最高人民会議選挙を実施して内閣制政府を樹立せねばなりません」[14]。

つまり、ソ連は米国との対立を回避するため、韓国の政府が樹立されるのを待って北朝鮮政府の樹立を宣言させるだけでなく、当初は北朝鮮の憲法を南朝鮮地域では効力のないものと見なすという念の入れようであった。このようにソ連の朝鮮政策は、表面上は朝鮮半島の統一を標榜するかに見せながら、その実においては分断政策として朝鮮統一を志向する勢力と衝突する矛盾を当初から胎んでいた。

ここで留意すべき点は、分断を志向する外勢の下で統一のために樹立された政権という相矛盾する実体を誰よりもよく認識していたのは、他ならぬ南北朝鮮の政権担当者たちだったということである。例えば、早くも1946年12月の時点で、金日成が配布された「ビラと関連して気分が良くない。ビラには李承晩が米国の手先であり、金日成はソ連の手先だと書かれている」と伝えられている[15]。いくら金日成が鈍感でも、客観的に見た場合の自らの立場を悟らなかったはずはなかろう。後述するように、金日成がソ連の現地政策執行者という自らの立場を越えようとしたところに朝鮮戦争という悲劇の原因があったのである。

また、開戦を主導したもう一人の主役で北朝鮮政府の樹立後に副首相兼外相となった朴憲永は、1946年9～12月に南朝鮮地域で起こった所謂「10月人民抗争」と関連して1894～95年の東学農民戦争から得られる教訓を語る中で次のように述べていた。「暴動あるいは民乱は、決定的闘争であるから、これを最も慎重に取り扱わねばならない。（中略）暴動を弄んではならない。しかし、一度はじめたならば、それは最後まで進んで行くことを知らなければならない。（中略）もしも国内の革命勢力が強力で、われわれ自身の国内問題を我々の力で解決したならば、この列強の対立関係を利用できたであろう。（中略）東学農民戦争と3・1運動と10月人民抗争に共通して流れる一貫した基本精神は、民主独立朝鮮のための闘争である。しかし、今日の民主主義は人民的民主主義へ発展した。（中略）東学民乱、3・1運動、10月人民抗争で共通した要求であり半世紀あまりにわたる朝鮮人民の希望は、今日の北朝鮮で完全に実現している。今日の我々の任務は、南朝鮮では北朝鮮でと同じ人民的民主主義改革が実現されるまで我々の闘争を継続することである」[(16)]。

同様に李承晩も「諸問題をほとんど常に米国の見地から、1904年以降は世界問題や朝鮮問題を米国政府の施策や世論と関連付けながら考えていた」ものの[(17)]、彼が「独立精神」を強調しながら老獪な政治手腕で米軍政や米本国を動かそうとしていたことは説明するまでもない[(18)]。実際、彼が朝鮮戦争中に38度線を越えるに当たり、国連軍よりも先に韓国軍が進撃して、北朝鮮占領の主導権を掌握しようとした話は有名である[(19)]。

要するに、南北朝鮮の現地にいた朝鮮人の政権担当者たちは、日本植民地統治時代に形成された朝鮮民族主義の強い熱情に動機付けられて行動していた。1919年3月に朝鮮半島の内外で沸き起こった3・1独立運動を契機として形成されたとされる朝鮮民族主義は、外勢の干渉排除と自民族の統合および動員という二つの相互補完的な主張を通じ、朝鮮の独立を達成しようと一般民衆に訴える理念であると同時にパッションである[20]。

確かに南北分断体制は、互いを米ソ両国の「傀儡国家」と非難し合い、自政権の後援国との緊密な関係を維持しようとした。だが、政権担当者たちがその後援国の影響力を充分に認識していた限りにおいて、それぞれの政権は自政権が連携する外勢を巧みに利用して敵対する政権を排除しようとしていたのであって、単に米国やソ連の操り人形だったのでは決してなかった[21]。彼らは外勢の力に服しながらも、互いに明確な政策目標とその実現手段を持ち、それを実現するため外勢を利用し続けたのである。言うまでもなく彼らの最終的な目標は、少なくとも表面上は自政権が中心となって朝鮮半島に統一された独立主権国家を樹立するところにあった。

米国にしろソ連にしろ1949年末までは朝鮮半島で戦争を望んではいなかったことが明白である[22]。特にスターリンは、いずれは米ソの対決が不可避と考えていたものの、当時は米ソ対決を恐れていたから、開戦に「渋々の承認」を与えたのであった[23]。李承晩が「北伐」を唱えていたのと同様、北朝鮮の共産主義者たちも武力による李承晩政権の打倒を目指していた。後述するように、互いに武力統一路線だった点で南北分断体制は一致するし、逆に韓国は米国、北朝鮮はソ連から全面内戦の開始を抑止されていたのが実情だった。

この点において、南北分断体制の樹立に先立ち、少なからぬ政治指導者たちは南北朝鮮間の全面内戦の勃発を憂慮した。例えば、米軍政の下で左右両翼の穏健派を協力させようとする所謂「左右合作」運動の左翼側の推進者で穏健な社会主義者だった呂運亨《ヨウニョン》は、早くも1947年4月の時点で「米ソ共同委員会が再び失敗作で終われば、朝鮮問題は将来、10年が過ぎても解決できない、甚だしくは20年が過ぎても解決できない可能性さえあると言及した。彼は、ソ連とアメリカ合衆国の間に、あるいは南朝鮮と北朝鮮の間に戦争が勃発しうるし、戦争が勃発すれば第3次世界大戦へ発展するだろう」と主張していた(24)。実際に南朝鮮地域では、開戦前には広く北朝鮮軍の南下が噂されていたという(25)。つまるところ、南北分断体制樹立の政治的な意味は、暴力の排他的な独占体としての各政府が、特に解放後3年間にわたって民族内部で進んだ階級的な分裂を受けて、正規軍により全面衝突する軍事的な危機が現実化したというところにあった。

しかし、北朝鮮政権でその樹立当初から全面内戦による統一が画策されていたわけでは決してなかった。南北朝鮮諸政党・社会団体代表者連席会議で「我が会議は、朝鮮人民の民族内戦を起こそうと思わないだけでなく、親睦して団結し、独立を達成して、自らの国家を平和的に建設しようという固い決心を持っている」と朴憲永が報告したのは(26)、正に全面内戦の危機感を南北朝鮮の政治指導者の多くが共有していたからこそであった。こうして、南北朝鮮の武力統一路線を「民族内戦」ではない別の方法で実践しようとするに当たり、戦術の差異が現れてきたのである。

問題は、南北分断体制が樹立される遙か前の1946年10月に南朝鮮の広範な地域で巻き起こった反乱の中から武装パルチザン闘争が開始されていたことである。シトゥイコフは次のように記している。「パルチザン部隊が存在しており、反動陣営と民主陣営の間に戦闘が展開されている。（中略）朴憲永と対話する。罷業闘争は暴動に成長、転化した。山へ入った人々には食糧と弾薬が不足している。《朴憲永が》彼らの今後の闘争方針について教示を下してくれるよう要請する。」[27]

南朝鮮地域で共産主義運動の事実上の最高指導者だった朴憲永は、以後この武装パルチザン闘争を指導し、同時に政党や社会団体などに「フラクション」と呼ばれる党細胞の扶植を通じて勢力を浸透させる戦術を併用した。ロシア資料から当時の驚くべき党細胞活動の実例を紹介しよう。報告者の李舟河《イジュハ》は、朴憲永の右腕とも言われた南労党政治委員会委員で、のちに朝鮮労働党では組織委員会委員も兼任した人物だった。

「中道主義的な諸政党の中で活躍している我が党のフラクションたちから、南北朝鮮代表者協議会議を招集する主張にどのように対応せねばならないか、という質問が何度も寄せられている。彼らは、とても多くの人たちがそのような会議に期待をかけていると指摘した。また、我が党のフラクションは、甚だしくは韓国独立党代表の趙素昂《チョソアン》さえ外国軍隊の撤収を支持しているから、もしも彼を戦術的に上手く扱えさえするならば、彼をして南北朝鮮代表者協議会議の招集に同意させて、南朝鮮労働党とも親しくさせ得るだろうと見ていた。」[28]

このような朴憲永が指導した戦術が有効に李承晩政権を打倒し得る展望のある限りにおいては、南朝鮮地域への朝鮮人民軍の投入という戦術は必要がないはずであった。そもそも朝鮮人民軍は、その総司令官の崔庸健が自ら次のように性格規定していた。「朝鮮人民と彼らが生んだ強力な朝鮮人民軍は、同族内戦を絶対に容赦しないだろう。（中略）《朝鮮人民軍は》祖国と人民を売り払うために同族内戦を起こそうとする一握りにもならない売国的な反動勢力を粉砕するのに準備されている」(29)。

では、なぜ金日成が一旦は禁じ手と確認し合った全面内戦に走る事態になったのであろうか。その秘密は、南北分断体制の一方として開戦を決行した北朝鮮政権の権力構造とその政治的なダイナミズムにある。

第２節　北朝鮮政権の権力構造と政治的なダイナミズム

北朝鮮政権の権力構造は、政府を党が統制する共産主義体制に典型的なそれであった。当時の権力構造を現在の北朝鮮のそれから連想したり、あるいは朝鮮戦争中から金日成が再編成した個人独裁体制の構造と類似していると考えたりするのは、全くの誤謬である。すなわち、当時にあって金日成は未だ権力の頂上にはおらず、むしろ北朝鮮で1948年９月８日に公布された憲法上の規定から権力行使を制約されていた。

特に同憲法第60条で定められたように「内閣は、自己の事業活動において最高人民会議に服従し、その休会中にあっては最高人民会議常任委員会の前に責任を負う」という朝鮮最高人民会議が政府を組織し指導する仕組みであった。この仕組みの下、憲法の修正と加筆の過程で首相、副首相および各省の大臣は次のように宣誓しなければならないという条項が加えられた。「第61条；私は朝鮮人民と朝鮮民主主義人民共和国に忠実に服務し、閣員としての自己の活動において、ただ全人民と国家の福利のために闘争し、朝鮮民主主義人民共和国憲法と法令を厳重に遵守し、朝鮮民主主義人民共和国の自主権と民主主義的自由を保護することに自己の全ての力量と技能を捧げることを宣誓する。」(30)

この憲法を見ると、北朝鮮政権における最高権力機関は朝鮮最高人民会議であり、その中核である常任委員会委員長には金枓奉《キムトゥボン》が就任していた。彼は同時に北朝鮮労働党（北労党）の中央委員会委員長であり、北朝鮮地域の執権政党における党首として党が政府を指導する体制を国家の統治機構上でも具現することにより、実際に権力を握っていたことが分かる。例えば既に1946年9月、南労党の結成に際してシトゥイコフは「金日成に訓示を与える。金枓奉にもあらゆる問題について訓示を与えた」と書いている(31)。また平壌を訪問した呂運亨に対し、金枓奉がシトゥイコフに「金日成をしてソ連側の要求条件を陳述させようと提案し」たという(32)。とりわけ朝鮮の儒教的な文化にあっては、年齢の上下は極めて重要な政治的ファクターとして、若輩者が年長者に従うのは自然なことと思われていたはずである。

このような金日成の立場は、北朝鮮政権が日本植民地統治への抵抗運動を繰り広げた政治指導者たちから構成されていた事情から直接に由来した。独立運動家として金日成の経歴は他の政治指導者たち、なかんずく激烈な抗日闘争を展開した朝鮮共産主義運動に従事した活動家たちと比較すると、特筆すべき何ものもなかった。朴憲永は、後述する1946年2月に開催された朝鮮共産党の秘密会議で党組織問題について「いま党首問題が解決されたわけではなく、あらゆる部署がきちんと整ったわけではない」と述べていた[33]。また北朝鮮共産党宣伝部長の金昌満《キムチャンマン》は、同年4月に次のように吐露した。「金日成、朴憲永、武亭《ムジョン》同志万歳！のスローガンを使った所がある。（中略）党の領袖問題であるが、朝鮮にはまだ党首がいない。党の歴史がわずか1年にもならない党に領袖が生まれ出るはずがない。（中略）《金》日成同志をその指導者とした分局の指導に更にいっそう堅く団結せねばならないのだ。（中略）党の統一はまず指導が統一されねばならず、明白な指導者を中心として団結するところから着手されねばならない。」[34]

次節で述べるように朝鮮共産主義運動において金日成が台頭できたのは、ひとえにソ連軍人としての経歴とスターリンの黙示によっていた。だが、この黙示が他の朝鮮人共産主義者たちに受け入れられたという証拠は、今のところ全くない。金日成が政府首班として浮上したのは、米ソ共同委員会が樹立すべき「朝鮮臨時民主主義政府」に絡めて、金日成の戦友で政府に副首相兼産業相として入閣する金策が「金日成委員長が領導なさる民主主義人民共和国を樹立しよう」と1947年6月25日、すなわち開戦のちょうど3年前に主張してからであった[35]。実際には北朝鮮の政府閣僚に北労党だけではなく南労党の幹部も入ったことが、後述する南北朝鮮労働党の確執を政権内部へ持ち込む結果を招来し、この確執を戦術上の相異として出現させることになった。

〈図表1　北朝鮮政府の閣僚〉

職　　位	姓　　名	前　所　属	主義・派閥等
首　　相	金　日　成	北労党副委員長	満州ゲリラ派
副首相兼外相	朴　憲　永	南労党副委員長	国　内　派
副　首　相	洪　命　熹	民主統一党首	民族主義中道
副首相兼産業相	金　　策	北労党政治委員	満州ゲリラ派
国家計画委員会委員長	鄭　準　澤	北労党中央委員	民族主義左派
民族保衛相	崔　庸　健	朝鮮民主党首	満州ゲリラ派
国家検閲相	金　元　鳳	朝鮮人民共和党首	民族主義左派
内　務　相	朴　一　禹	北労党政治委員	延　安　派
農　林　相	朴　文　圭	南労党中央委員	国　内　派
交　通　相	朱　寧　河	北労党副委員長	国　内　派
財　政　相	崔　昌　益	北労党政治委員	延　安　派
商　業　相	張　時　雨	北労党中央委員	国　内　派
教　育　相	白　南　雲	勤労人民党首	民族主義左派
逓　信　相	金　廷　柱	天道教青友党副党首	民族主義中道
司　法　相	李　承　燁	南労党政治委員	国　内　派
文化宣伝相	許　貞　琡	北労党中央委員	延　安　派
労　働　相	許　成　澤	全評委員長	国　内　派
保　健　相	李　炳　南	無　所　属	古参共産主義者
都市経営相	李　　鏞	朝鮮新進党首	民族主義左派
無任所相	李　克　魯	民主独立党首	民族主義左派

ここで北朝鮮の政府閣僚を詳しく見ると、上の〈図表1〉のとおりである。当時の朝鮮共産主義運動においては4つの派閥が混在していたので、それを「主義・派閥等」で示した。これ

ら朝鮮人共産主義勢力の諸派閥は、1945年8月の朝鮮解放後に国外から帰還した勢力を含めて、相互に合従連衡を図りながら北朝鮮政府の内閣を組織した。当時の共産主義勢力の4派閥とは、次のような構成であった。

イ　ソ連本国から派遣された「ソ連派」と言われるソ連籍の朝鮮人、
ロ　旧満州で抗日ゲリラ闘争に携わり、朝鮮解放後に金日成を推戴した「満州ゲリラ派」、
ハ　植民地時代に主に朝鮮内で共産主義運動に従事した「国内派」、
ニ　華北を中心に中国共産党との連携の下で抗日ゲリラ闘争を展開した「延安派」。

これら諸派閥のうち前二者は、金日成を前面に押し立ててソ連の朝鮮政策を実行するところにおいて協力関係にあり、最後者の延安派のうちでこれに賛同する抗日ゲリラ闘争の経験者の一部と提携していた。国内派は朝鮮解放直後の9月に当時の京城で朝鮮共産党を再建した朴憲永の影響下にある派閥として、前述のいわば「金日成派」に対抗する「朴憲永派」を形成していたと見られる。

上に示した閣僚のうち金廷柱《キムチョンジュ》、洪命熹《ホンミョンヒ》を除くと、全ての閣僚が共産主義者あるいはそのシンパサイザーである民族主義左派勢力であった。このうち洪命熹は、所謂「左右合作」運動との関わりの中で反米を明確にした人物だった(36)。このように民族主義中道勢力と言えども、南北分断体制の樹立に伴い中立的

な立場から親ソ反米へ軸足を移した人物であった。

民族主義左派勢力に属する閣僚には、鄭準澤《チョンジュンテク》、金元鳳《キムウォンボン》、李克魯《イグンノ》、白南雲《ペンナムン》、李鏞《イヨン》がいて、鄭準澤は金日成派、金元鳳、李克魯それに李鏞は中立的な立場であった。ただし金元鳳は、南朝鮮地域の民主主義民族戦線【以下「民戦」と略記】議長として朴憲永と協力した経緯があり、また李克魯と運動を共にしたという[37]。白南雲は、毛沢東流の「連合性新民主主義論」を主張し、朴憲永の「進歩的民主主義」論を批判したのみならず、彼が主導する南労党の結成に反対して前述の「左右合作」運動を推進した経緯から見て、金日成派だったと考えられる。李鏞は、1907年6月にハーグで開催された第2回万国平和会議に当時の朝鮮国王・高宗《コジョン》の勅命を受けて日本の蛮行を訴えたが聞き入れられず、所謂「帰らざる密使」として憤死した李儁《イジュン》の息子で、後述する朝鮮新進党を指導した人物だった。

次に、延安派は朴一禹《パギル》、崔昌益《チェチャンイク》、許貞琡《ホジョンスク》であったが、これら三者ともに金日成を支持していたと考えられる。しかしながら周知のように、その支持はあくまでも北朝鮮の統治という次元で行っていたのであり、朴一禹は1955年11月に逮捕、粛清されたし、1956年8月には崔昌益が所謂「8月宗派事件」に関わって粛清された。彼の妻で南労党々首だった許憲《ホホン》の娘である許貞琡だけが後々まで北朝鮮で生き残ったのである。

この延安派は朝鮮人民軍で優勢を占めるなど、政治勢力として北朝鮮政権の根幹をなしていたところから、金日成派と朴憲永派の両派を延安派の頭目格である金枓奉が牛耳る政治構造をなしていたと言える。後述するとおり、南北朝鮮労働党の「連合中央委員会」結成で彼が中央委員会委員長となったのは、この政治構造を正確に反映していた[38]。

第三に国内派としては、朴憲永の他、朴文圭《パンムンギュ》、朱寧河《チュニョンハ》、張時雨《チャンシウ》、李承燁《イスンヨプ》、許成澤《ホソンテク》が入閣しており、このうち朱寧河は1948年10月にソ連大使に抜擢された。この人事は、外相としての朴憲永の助力なしには考えられないことである。李承燁、許成澤は朴憲永の腹心として、武装パルチザン闘争を北朝鮮地域から指導した南労党幹部だった。1953年に粛清の対象となったのは前者と共に朱寧河、張時雨で、許成澤も1959年には粛清されたと見られ、この粛清を免れて病死したのは朴文圭だけであった。

したがって金日成本人と彼の戦友である金策、崔庸健はもちろん、延安派に加えて反朴憲永から金日成を支持した白南雲に至る民族主義勢力まで含めると、どうにか過半数前後の閣僚が金日成派を形成していた。なおソ連派は、おそらく政治の表舞台に現れることを避けるために北朝鮮政府に入閣していなかったが、主要な省の副相を押さえるなどの方法で背後から政治の実権を掌握しようとした[39]。

このように北朝鮮政府は、南北朝鮮に分立していた労働党を指導する金日成と朴憲永を軸として、南北朝鮮に部分的に影響力を持つ共産主義勢力の諸派閥に民族主義勢力まで参加させることで、出帆当初から政治的な不安定性を内在させていた。ここから生まれる派閥間の葛藤が、北朝鮮政府が行う朝鮮統一戦略の分裂となって表れた。その葛藤を端的に示したのが、次章で見る南北朝鮮の民戦の統合だった。

こうして見ると、北朝鮮政権は一種の祭りの御輿のような観を呈していた。すなわち、朝鮮共産主義運動の４つの派閥が政府という御輿を担ぐ２本の担ぎ棒を前後それぞれで分担しており、その全体のバランスを金枓奉が音頭を取ってまとめていたものと比喩できよう。確かに御輿の頂点でソ連製の飾りをつけて立つ金日成は、周りからは華々しく見えたけれども、それを支える諸勢力の均衡の上にのみ存立できる脆弱な政府を与えられたに過ぎなかった。〈図表２〉にそのイメージを金枓奉の写真と共に示したので、参考にしていただきたい。

この政府の中で一省として存在した民族保衛省は、執権政党が政府を動かす共産主義体制に典型的な権力構造にあっては、文民統制が本来は可能な組織だったと考えられる。しかしながら、朝鮮人民軍総司令官は崔庸健が兼任していた。彼は、旧満州で金日成と共に抗日ゲリラ闘争に従事した人物で、前述の曺晩植がソ連当局に軟禁された後は、彼の後任として朝鮮民主党々首を務めていた。つまり、北朝鮮政府内で朝鮮人民軍は、文民統制の対象としては政府首班の金日成に服しながらも、南北朝鮮労働党の統制を比較的に受けにくい立場にあったと言える。これは、同党決定により軍隊の中に党組織を置かなかったため[40]、一層そうだったと思われる。

このため1950年２月に朝鮮人民軍創立２周年を迎える段階になると、金日成の戦友で朝鮮戦争の開戦当時は軍総参謀長となる姜健《カンゴン》が次のように主張していた。「金日成将軍は、実に人民の太陽であり、指導者であり、明晰な先生であると同時に、親しく近しい友であった。（中略）このように立派な金日成将軍の抗日遊撃隊の革命的伝統を継承した朝鮮人民軍隊は今、金日成将軍の指導を推戴して、一緒に戦った戦友たちとその革命的部隊員たちにより指導されている。」[41]

〈図表2　金日成政権＝御輿のイメージ〉

北朝鮮労働党中央委員会委員長兼朝鮮
最高人民会議常任委員会委員長
（出典：http://www5.ocn.ne.jp/~k-hagi/menu.htm
National Archives, National Records Center）

南朝鮮地域へ朝鮮人民軍を投入する戦術を金日成が追求するに当たり、このような北朝鮮政権の権力構造が彼に複雑に働いたことは疑問の余地がない。北朝鮮政権の権力構造を図式化すれば、〈図表3〉のようになる。党が政府を指導するだけでなく議会の統制まで受ける中にあって、政府首班として朝鮮統一

〈図表3　北朝鮮政権の権力構造〉

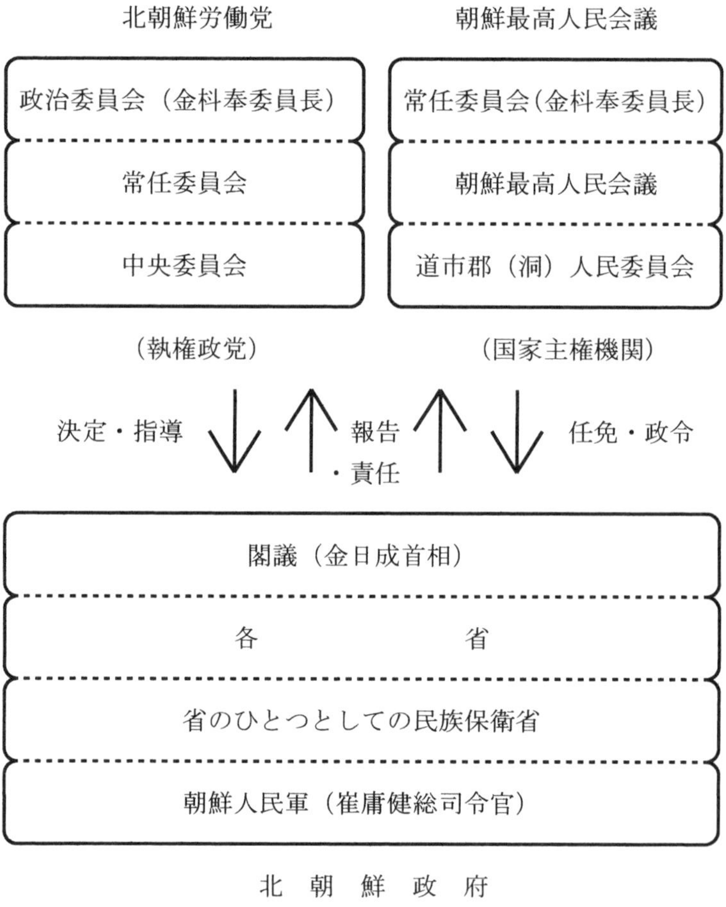

に最終的な責任を負いながらも政策選択を思うようにできない金日成にとり、政府による正規軍の掌握は彼をして朝鮮統一の最も有効な手段として軍隊の使用を考えさせたのであろう。

この戦術に対抗したのが朴憲永の指導する南労党による武装パルチザン闘争であった。二人は武力統一路線において差異はなかったものの、その用いる戦術には大きな差異があった。

第3節　金日成と朴憲永――開戦を導いた主役たち

そもそも解放後に金日成が台頭する過程で、既に南北朝鮮の共産主義者の間には確執が生まれたことが分かる。例えば、1945年10月13日に平壌で創出された「朝鮮共産党北部朝鮮分局」をソウルの「党中央」が承認したのは同年10月23日で、それが発表されたのは11月15日になってからだった(42)。また、南朝鮮地域で朴憲永に対抗するため、早くも1946年3月には一部の朝鮮共産党幹部たちが「金日成同志を首位とした全朝鮮統一政府樹立運動を展開せねばならない」と主張したりした(43)。さらに、北朝鮮政府の樹立に先立つ1948年3月には北労党第2次全党大会において、ソ連派が北労党内の南労党系列の共産主義者たちを猛烈に批判した(44)。ここから分かるとおり、金日成の台頭に伴い、これを快く思わない朴憲永系列の人々と金日成の支持勢力との間には、当初から不和があって解決されないまま残ったのである。

朝鮮共産主義運動における二つの中心の出現は、早くから朴憲永が自ら認めているところであった。既に1946年2月にソウルで党中央委員会委員を交えて秘密裏に開催された朝鮮共産党「中央および地方同志連席懇談会」において朴憲永は、党大会を即時に開催せよという主張に関連して党内の事情を次のように説明した。「コミンテルンがなく、党が独立的にやらねばならないが、党は国際連関性があり、朝鮮の特殊事情に加えて北朝鮮にはソ連軍がいて、我々が弱ければソ連が援助してくれるのである。北朝鮮のことは分局で独立的にやり、わたしは南朝鮮のことを見ているが、分局と意見を合わせていかなければならず、兄弟党の意見と国際、国内情勢も参考にしなければならない関係で、今すぐ大会を開けないことを同志たちが了解しなければならない。」(45)

この会議では、朴憲永の指導に対して「現中央は党史上、類例がないほど独善的で自派中心に謀略を事としており、幹部選出も自派中心で諸般の政治問題において無能を暴露している」とする強烈な批判が飛び出した。そして朴憲永が解放後に党路線として公表した「現情勢と我々の任務」、通称「8月テーゼ」で自派を「清い流れ」と喩えた党史の問題が挙論され、朴憲永を擁護する側と辛辣に非難する側とで激しい論争が2日間にわたり続いた。

また金日成が党機関紙『解放日報』に党中央での派閥闘争を非難する記事を掲載するように要請、この要請を李舟河が受け入れ、それを実際に掲載した問題が論難された。論難はひとり李舟河だけに止まらず、「金日成同志が書信を送り、解放日報紙上にメッセージを発表せよとまで言ったとすれば、ちょっと軽率なことだと思う」という金日成に対する批判も生んだ(46)。なぜならば、金日成の「書信」は党内事情を外部へ暴露する結果になったからである(47)。

このような共産党の南北分立に伴う問題点をソ連軍が察知したことは明白だった。朴憲永と金日成がソ連本国からの招請でモスクワを訪問、スターリンと会談して朝鮮での共産主義運動の方針を指示された経緯は、数多くの証言により事実関係がほぼ明らかになっている。両者の旅行日程については諸説あるものの、当時のソ連占領軍たる第25軍団将校たちの証言とソウル駐在ソ連領事シャプシン（I. A. Shabshin）の妻クリコバ（F. I. Shabshina）による記録を総合すると大略、次のような会談内容だったと考えられる。

まず第1次米ソ共同委員会が失敗に帰した後、1946年7月下旬から末にかけてソ連本国から朴憲永と金日成を秘密裏にモスクワへ招請する指示が届いた。シトゥイコフ中将と政治将校のレベジェフ（N. G. Lebedev）、ロマネンコ（A. A. Romanenko）両少将、ソウルから来たシャプシン領事らが同席する中、スターリンは自分の右横に金日成、左横に朴憲永を座らせた。そして、金日成には北朝鮮地域の「ソヴェト化政策を早期に実現するように闘争せよ」と指示する一方、「困難な与件の中で奮闘する君の革命闘争を高く評価する」と朴憲永を激励した。

この席でスターリンは「共産党が社会民主党あるいは労働党を標榜しつつ、近い将来の課題だけを提起することは不可能か」と尋ねた。二人は「それは可能ではあるが、人民たちと相談してみなければならない」と答えた。そうするとスターリンは「人民だって？　人民とは土地を耕す人たちじゃないか。決定は我々がやらなくては」と述べたのである。

金日成にしろ朴憲永にしろ、スターリンの言葉は絶対であった。このスターリンの発言から労働党の結成が急がれたことは間違いなかろう。そして、スターリンはこの会談後の夜、ソ連共産党書記長専用の別荘へ二人を伴い、宴会を開いた。この時、彼は「朴憲永をモスクワに何日か滞在させて、企業所、工場等を見学させせよ」とソ連共産党幹部に指示したという[48]。これは、金日成を朝鮮共産主義運動の最高指導者に任命するスターリンの黙示だったと考えられる。

金日成と朴憲永の不和は、このスターリンによる一方的な「最高指導者」の黙示によっては解決できなかった。のみならず、この不和は米軍政の逮捕令を受けて朴憲永が北朝鮮地域へ逃れて来たことにより、いっそう深まったと思われる。北朝鮮政権の生みの親と言うべきシトゥイコフは、朴憲永の越北について「1946年10月6日、朴憲永が南朝鮮を脱出して北朝鮮に到着した。朴憲永は、9月29日から山岳を流れ歩き彷徨したが、彼を棺に入れて移した。朴憲永に休息をとらせよと指示を下した」と書いている[49]。そして、彼は早くも南労党の結成直後の1946年12月に「金日成と朴憲永は業務上、緊密な連係を確保する」と指示した[50]。それにもかかわらず、彼は数日後に「金日成と朴憲永に親しく過ごせるようにせよ（Дал указание сблизить Кима и Пака)」と改めて指示を下すほどであった[51]。これらの指示は、朴憲永の北朝鮮地域での存在が金日成との間で不和を確執へ深めたことを強く示唆している。

その証左として、シトゥイコフが1947年1月に朴憲永の北朝鮮地域における活動を合法化する問題を提起した時、金日成は「肯定的な答弁を回避し」たという。金日成が挙げた理由は「そのようにする場合、朴憲永は南朝鮮で活動できなくなるだろう」というものだった[52]。言うまでもなく、南北分断体制が樹立されもしない時期に、このような理由を挙げること自体が朴憲永への警戒心を示して余りある。けだし、逮捕令から逃れて越北した朴憲永が、北緯38度線に間近い海州《ヘジュ》から南労党の活動を指導していることを金日成が知らなかったはずはないからである。

ここから関係改善の努力も行われたと見られる。朴憲永と彼の最初の妻である朱世竹《チュセチク》との娘で、ソ連に長く暮らした後の1949年8月に北朝鮮地域へ戻って来た朴・ビビアンナは、幼児期の追憶として「1ヵ月間余り平壌《ピョンヤン》に留まりながら、崔承喜《チェスンヒ》舞踊研究所で朝鮮民俗舞踊を習い、父に従い金日成の家にも遊びに行き、金正日《キムジョンイル》などの家族と一緒に過ごしもした。数回、金日成の家から犬肉を送って来るなど、ふたつの家庭は非常に良い関係を維持していたものと記憶している」と語っている[53]。確かに若輩の金日成から年長の朴憲永に礼儀を示すために、このような行動を取ったことは充分に考え得るところである。しかも後述のとおり、当時は金日成が開戦工作を再開した時期に当たり、朴憲永の助力を必要としていた。

しかしながら、朝鮮戦争後に刊行された告白風の証言にも、金日成と朴憲永の確執を示す記述が散見される。例えば、元内務副相だった姜尚昊《カンサンホ》は、金日成が皮肉を込めて「理論家」と朴憲永を呼んでいたと述べている[54]。実際に、のちにソ連軍事顧問団長で朝鮮戦争中に北朝鮮駐在ソ連大使となるラズバエフ（V. N. Razuvaev）は、次のように人物評定書を書き残した。

「1946年11月、南朝鮮労働党が創建されて、朴憲永は副委員長に選出されたが、実際には党の指導者だった。（中略）朴憲永は理論的に立派に準備されており、朝鮮のマルクス主義者のうち最もよく準備されたひとりで、マルクス―レーニン主義の理論分野で自身の知識を高めるところに体系的に臨んでいる。（中略）朴憲永は北朝鮮と南朝鮮で広範な人民大衆、左翼指導者たち、そして甚だしくは中道政党の指導者たちの中で極めて大きな権威を享受しており、南朝鮮民主主義民族《統一》戦線の実質的で思想的な指導者だ。朴憲永は朝鮮の卓越した政治活動家である。確固としてソ連を志向している。」[55]

同様にソ連軍からする金日成への評価も朴憲永に優るとも劣らず高かったものの、両者の評価で決定的に異なったのは、金日成が「理論的に準備されているが、マルクス―レーニン主義の水準を向上させるため体系的に努力しない」とされている点だった[56]。上部への報告書として手加減を加えて過大に評価してやっていると思われるところから見て、理論問題において金日成が「朝鮮のレーニン」とも呼ばれた朴憲永に太刀打ちできない立場だったことは明白である。

金日成の演説がほとんど全てソ連派やソ連軍により作成されていたかどうかは確かではないが[57]、彼が金枓奉と一緒に共産主義理論の教育を受けていたという証言もある。この証言によると、金枓奉は金日成をそのまま「キム・イルソン」と呼び捨てにしていたのに対し、金日成は金枓奉を「金枓奉先生」と称していた[58]。これは、朝鮮社会に伝統的な長幼の序という観念から来る実話であると考えられ、ここからも金日成が他の年配の共産主義者たちからは一段ひくい立場と見なされていたことが分かる。[59]

この内部集団内の立場に加えて、ソ連軍との関係において金日成は、ソ連の現地政策執行者という立場で働かねばならなかった。例えば、病気がちなシトゥイコフの介護のためか「休日。ロマネンコ、金日成と共に終日、客車に止まる」という役回りまでこなしている[60]。金日成の立場からすると、1947年2月には北朝鮮人民委員会委員長という肩書きだったのとは異なり、年配の朝鮮人共産主義者からもソ連軍幹部たちからも余り評価されず、時には扱き使われる立場だったのである。

ここに我々は、金日成の公式な立場と活動の実態との矛盾を見出すことができる。つまり、彼はソ連軍のお陰で最高政策責任者に就いたにもかかわらず、自らイニシャチヴを発揮して政策を実行するどころか、シトゥイコフを頂点とするソ連軍将校が指示する政策を黙々と実行する境地だったと見てよい。しかも金日成は、北朝鮮政権の樹立後には憲法に定められた統治構造的な統制と圧力の下にも組み敷かれる中で活動することになった。金日成が自らの置かれた境地から脱するため、比較的に早くから朝鮮統一という大業績を挙げて、名実ともに統一朝鮮の政府首班を夢見たとしても決しておかしな話ではなかった。

こうして彼は、1949年3月に北朝鮮政府の主要閣僚が訪ソした際に開戦工作を開始したのである。次章では金日成の開戦工作からソ連の対外認識をうかがい、この中から祖国統一民主主義戦線【以下「祖国戦線」と略記】が結成される経緯を述べよう。

註

(1)「韓国民主党は当時、唯一の勢力集団である建国準備委員会に対抗するため、反共産勢力ならば誰何を問わず包摂しようとし、したがっ

て、ここに過去の日帝時に親日的だった勢力が集結することになった」という。ところが、米軍政情報部は早くも1945年9月20日、韓国民主党が「主要な民主的な政党であると同時に朝鮮民族の大多数を代表する」と報告していた。韓太壽『韓國政黨史』서울、新太陽社出版局、1961年、13頁。Headquarters, United States Armed Forces in Korea, G-2（intelligence）section, *G-2 Periodic Report*（Seoul, 1945-1948）, No.10（September 20, 1945）、『美軍政情報報告書』第1巻、서울、日月書閣、1986年、62-63頁。

⑵　この過程は、次の研究に詳しい。和田春樹「ソ連の朝鮮政策――一九四五年八月～十月」、『社会科学研究』第33巻第4号（東京、1981年11月）、所収。

⑶　ソ連軍から本国へ1945年12月25日に出された報告書による。報告者は赤軍総政治局長のシィンキン大将である。この報告書を含め一連のロシア資料は、韓国中央日報特別取材班長（当時）の金局厚氏からご恵送を賜ったものである。本書では『金局厚文書』として引用し、ここに改めて厚く御礼を申し上げたい。Н. В. Щинкин, *СПРАВКА ДОКЛОД О ПОЛИТИЧЕСКОИ ПОЛОЖЕНИЕ В СЕВЕРНОЙ КОРЕЕ*, стр.1-2.

⑷　澤正彦『南北朝鮮キリスト教史論』東京、日本基督教団出版局、1982年、243-245頁。「信託統治紛争」の煽りでソ連軍に軟禁されたクリスチャンの曺晩植は、朝鮮戦争中に銃殺されたという。朴明林『韓國1950』534-535頁。

⑸　このような統治形態を当時は「人民的民主主義」とか「人民民主主義」とか呼び、毛沢東の「新民主主義」とほぼ同一の内容を持つと考えていた。北朝鮮で1946年に断行された社会経済的な改革は、土地改革（3～4月）、労働法令の公布（6月24日）、男女平等法令の公布（7月30日）、重要産業国有化法令の発布（8月10日）などである。「解放后四年間의　國内外重要日誌（1945. 8～1949. 3）」、『北韓關係史料集』Ⅶ、서울、大韓民國文教部國史編纂委員會、1989年、600、610、

624、634、640頁。【以下『史料集』Ⅶ、と略記】

(6) 米ソ共同委員会の分析ならびに討議内容については、次を参照されたい。Cumings, *The Origins of the Korean War*, Ⅰ, pp. 238-252. 全鉉秀編訳『쉬띄꼬프日記 1946〜1948』서울、大韓民國文教部國史編纂委員會、2004年、第Ⅲ部：79-156頁（韓国文）／283-379頁（ロシア文）。【以下『日記』と略記】

(7) 「朝鮮における総選挙の実施に関する国連中間委員会（小総会）決議」(一九四八年二月二六日)、神谷不二編『朝鮮問題戦後資料』第一巻、東京、日本国際問題研究所、1976年、253頁。

(8) 南北朝鮮にわたる選挙について、ソ連軍の北朝鮮における最高責任者だったシトゥイコフは朴憲永からの報告を次のように伝えている。「選挙が大体良好に進行しているが、一部の郡では選挙管理委員会が逮捕されたり、警察により書類が奪取されたり、代議員が拘束されたりする場合があると語る。1948年7月26日現在、ソウルで60万名の有権者のうち、11万名が投票に参加し、仁川では10万1千名の有権者のうち2万9千名が選挙に参加したという。農村でも選挙の進行状況は良好だという」。「1948年7月30日」、『日記』159頁（韓国文）／383頁（ロシア文）。

(9) 親日派で知られ、のちに米国務次官となるグルー（Joseph C. Grew）は第二次世界大戦中、李承晩らが大韓民国臨時政府を正統政府として承認するよう要請した際、「『大韓民国臨時政府』は朝鮮のいかなる地域に対しても行政権を行使したことがないし、今日の朝鮮民族の代表として考えることもできない」と述べた。United States, Department of State, *Foreign Relations of the United States*, 1945, Vol. Ⅵ (Washington, D. C.: United States Government Printing Office, 1969), p. 1030.【以下、"*FRUS*" と略記】

(10) Office of the Assistant Chief of Staff, G-2, APO 235, "Dr. Syng Man Rhee's Political Background——Causes and Reasons for His Present Status", 23 September 1947、申福龍編『韓國分断史資料集』

Ⅲ-2、서울、原主文化社、1991 年、364 頁。

(11) Headquarters, United States Army Forces in Korea, APO 235, "Korean-American Relations", 22 September 1948, p. 2, 同上書、Ⅲ-3、222 頁。

(12) 金枓奉「祖國統一民主主義戰線結成大會開會辞」、『北韓關係史料集』Ⅵ、서울、大韓民國文教部國史編纂委員會、1988 年、222 頁。【以下『史料集』Ⅵ、と略記】

(13) 北朝鮮で 1948 年に制定された憲法については、拙論を参照されたい。森善宣「朝鮮民主主義人民共和国の 1948 年憲法——制定過程から見たその政治的性格——」、『鹿児島県立短期大学商経論叢』第 44 号、175-202 頁/同、第 45 号、73-95 頁(鹿児島、1995 年3月/1996 年3月[2回連載])。

(14) Я. МАЛИК, Т. ШТИКОВ, Г. ТУНКИН, Тов. В. М. МОЛОТОВУ, 19 Апреля 1948.『金局厚文書』所収。ここで言う「北朝鮮人民会議」とは、1946 年 11 月から北朝鮮全域で実施された道市郡(洞)人民委員会選挙により組織された議会を指す。

(15) 「1946 年 12 月 25 日」、『日記』61 頁(韓国文)/261 頁(ロシア文)。

(16) 朴憲永『東學農民亂과 그 教訓』서울、解放社、1947 年、16-18 頁、NA, RG 242, SA# 2007, 7/12.

(17) Robert T. Oliver, *Syngman Rhee : The Man Behind the Myth* (New York : Dodd Mead and Company, 1955), p. 321.

(18) 李承晩『獨立精神——一名獄中記——』서울、中央文化協會、1950 年。初版は 1947 年である。李承晩の唱道した所謂「一民主義」のイデオロギー的な性格については、次を参照されたい。徐仲錫『李承晩의 政治이데올로기』서울、歷史批評社、2005 年。

(19) 朴明林『韓國 1950』568-582 頁。

(20) この理念とパッション、外勢からの独立と自民族の統合および動員という2つ要因の相互関係については、拙稿を参照されたい。森善宣「韓國反共主義이데올로기形成過程에 関한 研究——그 國際政治史

的起源과　諸特徵――」、『韓國과　國際政治』第5巻第2号［通巻10号］、（서울、1989年12月）、171-192頁。

(21)　下斗米伸夫『モスクワと金日成：冷戦の中の北朝鮮1945-1961』東京、岩波書店、2006年、xiii頁。

(22)　米国の朝鮮政策については、それが「封じ込め」でこそあれ戦争政策では決してなかったことは先行研究から明らかである。小此木政夫『朝鮮戦争：米国の介入過程』東京、中央公論社、1986年、49-50頁。

(23)　ロシア資料から朝鮮戦争を研究したウェザズビー女史は「これは金日成の戦争だった」と明言している。Kathryn Weathersby, "New Findings on the Korean War", Cold War International History Project, *Bulletin,* Issue 3（Washington, D. C. : Woodrow Willson International Center for Scholars, Fall 1993), p.14.

(24)　これは、4月26日に呂運亨が南労党副委員長の李琪錫に語った話という。「레베제브가　쉬띄꼬브大将同志에게　보낸　南朝鮮情勢에　對한　情報資料（1947年5月15日）」、『러시아連邦國防省中央文書保管所　ソ連軍政文書、南朝鮮情勢報告書、1946～1947』서울、國史編纂委員會、2003年、244-245頁。【以下『情勢報告書』と略記】

(25)　民族問題研究会、前掲書、5-6頁。

(26)　朴憲永「南朝鮮政治情勢：全朝鮮諸政黨・社會團體代表者聯席會議에서　陳述한　報告」、『史料集』Ⅵ、40頁。

(27)　「1946年10月21日」、『日記』27頁（韓国文）／218頁（ロシア文）。

(28)　「南朝鮮情勢에　對한　情報資料、李舟河（1947年11月24日）」、『情勢報告書』337-338頁。

(29)　崔庸健「朝鮮人民軍創立一週年에　際하여」、『民主朝鮮』1949年2月6日、NA, RG242, SA#2005, 3/13. 金日成も創軍に際して「今日われわれが北朝鮮において人民軍隊を創設するのは、反動分子どもが悪宣伝するように同族内乱を起こすことになるのではなく、逆に反動派たちのそのような民族分裂と同族殺害を未然に防止することになるでしょう」と述べていた。金日成「朝鮮人民軍閲兵式에서　陳述한　金

日成委員長의　演説——一九四八年二月八日——」、『朝鮮人民軍』平壌、北朝鮮人民委員會宣傳局、1948年、6-7頁、NA, RG242, SA#2005, 2/81.

(30)「朝鮮民主主義人民共和國憲法」、『北韓最高人民會議資料集』第I輯：1期1次會議～1期13次會議、서울、國土統一院、1988年、111頁。

(31)「1946年9月26日」、『日記』18頁（韓国文）／208頁（ロシア文）。

(32)「1946年9月27日」、同上書、19頁（韓国文）／209頁（ロシア文）。

(33)「中央及地方同志聯席懇談會會議録」、翰林大學校아시아文化研究所編輯『朝鮮共産黨文件資料集（1945～46）』春川、翰林大學校出版部、1993年、154頁。

(34)金昌満「北朝鮮共産黨中央委員會第二次各道宣傳部長會議總決報告要旨」、太成洙編『黨의　政治路線及黨事業總結과　決定』黨文献集(一)、平壌、正路社出版部、1946年、67-68頁、NA, RG242, SA#2013, 1/139.

(35)北朝鮮人民委員會副委員長・金策「金日成委員長이　領導하시는　民主主義人民共和國을　樹立하자」、『民主朝鮮』1947年6月25日、NA, RG242, SA#2006, 5/3.

(36)洪命熹と関連して民主統一党について興味深い次の記述がある。ここで言う「我が党」とは南労党である。「米国人たちは積極的にこの党を支援し、左翼分子たち、特に我が党のフラクションがこの党に浸透できないよう全ての手段を動員して努力した。（中略）党内では金鎬、洪命熹、安在鴻、李克魯の支持者たちが分かれている。党の秘書部と組織局では我がフラクション要員たちが活動している。この党の指導権は、基本的に我がフラクション要員たちの手中に掌握されている。公式的な指導者たちの中で、洪命熹は最良の立場を堅持しているが、米国人たちの影響の下に動揺もし、小心さを表しもする」。「南朝鮮政黨・社會團體의　黨内情勢에　對한　情報資料、金容俊（1947年11月25日）」、前掲『情勢報告書』344頁。

(37)　文國柱「金元鳳（キム・ウォンボン）」、高峻石監修『朝鮮社会運動史事典』東京、社会評論社、1981年、500頁。

(38)　この点は本書の核心部分をなす論議であり、本書第4章で詳述する。下斗米伸夫は、ソ連が朝鮮半島を軽視していたと言いながら、金枓奉の北労党々首への就任について中国共産党の影響力をスターリンが考慮した結果だと考えており、論理的にいくらか無理があるように思われる。下斗米、前掲書、52頁。

(39)　この点を指摘しているにもかかわらず、下斗米は許ガイが副首相だったと誤記している。同上書、53、65頁。許ガイが副首相に任命されたのは、1951年11月2日である。「朝鮮民主主義人民共和國内閣副首相에　許가이同志를　任命함에　關하여」、『朝鮮民主主義人民共和國最高人民會議公報』第19号、1952年5月31日、NA, RG242, SA#2013, 1/75.

(40)　決定は当初、北朝鮮の保安訓練所、鉄道警備隊が「北朝鮮人民の民主改革を保障する全人民の軍隊」ゆえに「軍隊の党軍化を防止し、軍隊の統一的統率権を保障するため、隊伍内に各政党組織を置かない」とし、「軍隊内に労働党組織を置かないことに決定する」と定めた。なお、当時これら軍隊は金策が指導して組織活動に当たっていた。「軍隊内黨組織에　關하여（北朝鮮勞動黨中央常務委員會第9次會議決定書、1946年10月21日）」、『決定集　1946. 9 -1948. 3　北朝鮮勞動黨中央常務委員會』平壤、朝鮮勞動黨中央委員會、1948年、39-40頁。本資料は、韓国世宗研究所の首席研究委員で前統一部長官の李鍾奭博士からご恵送いただいた。ここに厚く感謝を申し上げる。なお、本資料の刊行年が明らかではないので、収められた決定書の期間から想定して本書ではこれを記している。

(41)　姜健「金日成将軍　抗日遊擊部隊는　朝鮮人民軍의　戰鬪的骨幹이다」、『勤勞者』第2号(48)（平壤、1950年1月）、17、24頁、NA, RG242, SA#2005, 1/34.

(42)　『解放日報』1945年11月15日、金南植・李庭植・韓洪九編『韓國

現代史資料叢書』5（1945～1948）、서울、돌베개、1986年、21頁。

(43)　これは、朝鮮共産党の全羅北道委員会委員や永登浦地区委員が朝鮮共産党北朝鮮分局に宛てた書簡である。「우리의　見解와　要求」、前掲『朝鮮共産黨文件資料集（1945～46）』196-201頁。

(44)　批判された人物として重要なのは呉琪燮、張順明、崔用達、李順今、李康國など国内派の幹部たちであった。「北朝鮮勞動黨第2次全黨大會會議録」、『朝鮮労動黨大會資料集』(一)、서울、國土統一院、1980年、162頁以下。

(45)　前掲「中央及地方同志聯席懇談會會議録」、『朝鮮共産黨文件資料集（1945～46）』167-168頁。

(46)　同上書、147、156-158、162-164頁。

(47)　その書信を掲載した記事では「我々は北朝鮮全体の党員を代表し、南朝鮮党内に今でも存在してその活動を継続している無原則な『自殺的』分派行動に反対する。そして我々は、同志的立場から君たちに勧めるに、速やかに踵を返して中央の路線と朴憲永同志の指導に服従することを！」と指弾されていた。朝鮮共産党北鮮《ママ》分局常務委員會「南朝鮮黨員同志들에게　드리는　글（1946年1月28日）」、『解放日報』1946年2月6日、前掲『韓國現代史資料叢書』5、111頁。

(48)　「베일에　가려졌던　스탈린의　『金日成落點』内幕　스탈린，金・朴　모스크바로　불러『指導者』指名」、中央日報特別取材班編『秘録・朝鮮民主主義人民共和國』中央日報社、1992年、327-330頁。F. 샤브시나　꿀리꼬바「소련의　女流歴史學者가　만난　朴憲永」、『歴史批評』第25号（서울、1994年夏号）、184-186頁。なお、シャプシンの本名はクリコフ（Kulikov）であるため、クリコバ（Kulikova）を用いている。

(49)　「1946年10月7日」、『日記』24頁（韓国文）／214-215頁（ロシア文）。

(50)　「1946年12月2日」、同上書、43頁（韓国文）／238頁（ロシア文）。

(51)　「1946年12月6日」、同上書、45頁（韓国文）／239頁（ロシア文）。

編訳者の全鉉秀は、シトゥイコフが業務上の連携強化を指示した意味と解釈している。どちらにしろ、両者の間には何らかの意思疎通上の障害があったことは間違いなかろう。全鉉秀からのメール返信、2007年5月4日。

(52) 「1947年1月4日」、同上書、70頁（韓国文）／273頁（ロシア文）。

(53) 「朴憲永　딸　비바안나의　기구한　人生歴程」、前掲『秘録・朝鮮民主主義人民共和國』362頁。

(54) 姜尚昊「내가　치른　北韓粛清⑥：南勞黨派除去①」、『中央日報』1993年2月15日。

(55) 「朝鮮民主主義人民共和國副首相兼外務相、南朝鮮勞動黨中央委員會副委員長：朴憲永」、『소련軍事顧問團長라주바예프의　6・25戦争報告書』1、서울、國防部軍史編纂研究所、2001年、28-31頁。

(56) 「朝鮮民主主義人民共和國首相、北朝鮮勞動黨中央委員會副委員長：金日成」、同上書、27頁。

(57) 例えば「私が修正した金日成の演説文草案を伝達する」とあり、シトゥイコフが直々に筆を入れていたことも確認できる。「1946年10月30日」、『日記』35頁（韓国文）／227頁（ロシア文）。

(58) 朴一「元金日成大学副総長の証言：金日成は私にマルクス・レーニン主義を学んだ」、黄民基編『金日成調書：北朝鮮の支配者――その罪と罰』東京、光文社、1992年、58-60頁。

(59) 同様な証言は、朝鮮人民軍の師団政治委員を務めていた呂政からも行われている。呂政『붉게　물든　大同江：前人民軍師團政治委員의手記』서울、東亜日報社、1991年、52頁。

(60) 「1947年1月5日」、『日記』71頁（韓国文）／274頁（ロシア文）。

第3章

開戦工作の開始と
祖国統一民主主義戦線の結成

祖国統一民主主義戦線の結成を伝える新聞報道
「国土完整と祖国統一独立民主化のための闘争で我が朝鮮の全体の愛国的力量を総集結した祖国統一民主主義戦線万歳！」

（出典：National Archives Ⅱ）

２回にわたり開催された米ソ共同委員会の失敗を受けて樹立された南北分断体制は、少なくとも北朝鮮の共産主義者たちにとっては、後述するように将来の統一を前提として選択された「民主基地」路線、すなわち朝鮮統一のため北朝鮮地域に「民主主義の根拠地」を創出する路線に従ったものであった[(1)]。金日成が開戦工作を最初に開始したは、1949 年３月に北朝鮮政府代表団が訪ソした時であるとされるが、この時期から「民主基地」北朝鮮が軍事基地として全面内戦の戦術に打って出るか否かをめぐり水面下の駆け引きが本格化していった。

第１節　金日成による開戦工作の開始

金日成は 1949 年の新年の辞で「1948 年に我々は、たとえ国土の完整と完全な自主独立国家を争い取れはしなかったけれども、しかし独立国家建設のための荘厳で偉大な闘争により、遠からぬ将来に南北統一を完遂し、悠久な歴史を持ったこの彊土の上に共和国の旗を光り輝かせる確固たる基礎を据え置きました」と述べ、強い朝鮮統一の意思を披瀝した[(2)]。しかし、この新年の辞を以て彼の全面内戦を決行する意思表示だったと解釈することは妥当ではない[(3)]。けだし、「国土の完整」という言葉は、既に 1948 年９月の北朝鮮労働党（北労党）の決定中で高らかに謳われていたからである[(4)]。この言葉は、その反復に過ぎなかったと考えられる。

当時の北朝鮮政府は、それまでソ連が推進していた所謂「平和擁護」の外交方針に沿って対南政策を推し進めていた。まず、北朝鮮外務省を通じた外交的な働きかけがなされた。ソ連政府から1948年末までにソ連軍を北朝鮮地域から撤退させると同年9月18日に打電して来たのを受けて、朴憲永外相は数次にわたり国際連合事務総長、フランス外相等に書簡を送り、南朝鮮地域からの米軍の撤退と国際連合第3次総会への出席を訴え、国連に派遣する政府代表団の人員まで決定した[(5)]。これら書簡による外交的な働きかけは、米国を中心とする諸国の反対により功を奏しなかったが、朴憲永がこの働きかけに関連して言明した北朝鮮政府の外交方針は、後述する南北朝鮮の民主主義民族《統一》戦線（民戦）を統合した祖国統一民主主義戦線（祖国戦線）の結成へ受け継がれていった。

1949年1月29日に朝鮮最高人民会議第1期第2次会議で、北朝鮮政府の外交方針に関して報告した朴憲永は、「南朝鮮において経済的破壊を招来し、我が人民経済の重要な部分を米国資本が強奪した米国の政策」に言及しながら、次のような現状認識を示した。「主要帝国主義諸国家、特に米国の帝国主義者たちは侵略政策へ、新たな戦争放火政策へ移りました」。朴憲永は、この現状認識を前提に「人民たちの記憶には先の戦争の恐怖が余りにも生々しく、平和を固守する社会力量は余りにも偉大」だと述べたスターリンの言葉を引用した。のみならず彼は、外相モロトフの言明まで引き合いに出して、「ソ連が最後まで全般的平和の利益を擁護する」と当時のソ連が外交方針としていた「平和擁護」を強調した[(6)]。

このような外交政策をとっている中で、金日成が訪ソの時点でスターリンに全面内戦を通じた朝鮮統一について諮ったことは、実に特筆すべき事項であった。この時期に開戦工作を開始した背景には、ひとつは次第に明らかになりつつあった中国大陸における国共内戦の帰趨[7]、もう一つには1948年中に南朝鮮地域で繰り広げられた武装パルチザン闘争の成果があった[8]。既に多くの先行研究で引用されているものの、金日成は1949年3月に行ったスターリンとの秘密の会合において次のように提案したとされる。

「スターリン同志。いま状況は熟しきって、全国土を武力で解放できるようになりました。南朝鮮の反動勢力は絶対に平和統一に同意しないでしょう。彼らは、自分たちが北侵をするのに充分な力を確保する時まで分断を固着化しようとしています。いま我々が攻勢をとる絶好の機会が来ました。我々の軍隊は強く、南朝鮮には強力なパルチザン部隊の支援が待っています。」

これに対してスターリンは「南侵はできません。第一に、北朝鮮の人民軍は南朝鮮軍に対して確実な優位を確保できないでいます。数的にも劣勢で、第二に南朝鮮には依然として米軍がいます。戦争が起これば、彼らが介入するでしょう。第三に、ソ連と米国の間に今だ38度線の分割協定が有効であることを記憶しなければなりません。これに我々が先に違反すれば、米国の介入を防ぐ名分がありません」と答え、金日成の提案を明白に拒絶した。

しかし、金日成が続けて「それならば、近い将来に朝鮮統一の機会はないということですか。南朝鮮の人民は、一日も早く統一を成し遂げ、反動政府と米帝国主義者の束縛から抜け出たいと願っています」と述べると、スターリンはこう切り返した。「敵が万一、侵略意図があるならば、早晩まず攻撃をしてくるだろう。そうなれば、絶好の反撃の機会が生まれます。その時

は全ての人が同志の行動を理解し、支援するだろう。」[(9)]

このスターリンの言明の中に、我々は既に「反撃」の形をとった開戦の形態を看取できる。つまり、まず相手の攻撃を受けて反撃すれば「全ての人が同志の行動を理解し、支援する」という開戦で実際に偽装される経緯をスターリンは金日成に示したのである。

ここで問題は、金日成が開戦をいつから真剣に考慮していたのかである。そもそも金日成をやがて樹立される北朝鮮政府の首班とする決定は、シトゥイコフが1948年８月27日に「政府、最高人民会議常任委員会、内閣の成員構成」として金日成を首相、常任委員会議長《ママ》に金枓奉の名前を記していたところから、この時期に非公式ながら事実上は下されたと見られる[(10)]。これに先立ち同年３月の北労党第２次全党大会で金枓奉は、その閉幕の辞で「我が党の組織者であり領導《ママ》者であられる金日成同志の指導は今日、現在の問題だけを解決するところに局限するのではなく、歴史が示す将来の道を遠く見通して歴史の法則の上に指導している」と述べて、「歴史が示す将来の道」、すなわち北朝鮮政府における金日成の首班たる地位を認定していた[(11)]。

そして、いみじくも同大会で金日成が報告したように「モスクワ３国外相会議の朝鮮に関する歴史的決定を北朝鮮においてだけでも一日も早く実践することにより、統一的民主主義臨時政府の樹立を促進させる対策」として北朝鮮政権は樹立されていた[(12)]。つまり、北朝鮮政府は当初、それがモスクワ協定と結び付けて正当化された経緯から、どこまでも朝鮮統一までの暫定的な政府にしか過ぎないと考えられていた。南北朝鮮の両分断体制は、相互に相手の政権を「傀儡」と非難することで朝鮮半島全域に及ぶ自政権の統治の正当性を主張し、それぞれ「中央政府」を自認したが、実際には各政権とも半島の半分しか統治できずに「正当性の欠損（legitimacy deficit）」から免れ得なかったからこそ[13]、互いに朝鮮統一を主張し合い、相手の政権を打倒しようとしたのである。

このような北朝鮮政府の政治的な性格は、「建国思想総動員運動」で典型的に示されたように[14]、一貫して北労党で朝鮮統一を目標と掲げて民衆の統合と動員を推進したことから、ソ連の分断政策にもかかわらず継続して保持された。金日成は確かに政府首班だったが、北労党の活動そのものから一般民衆の目には朝鮮統一を前提として遠からず解体されるべき分断体制を率いているに過ぎなかった。

ところが、実際に朝鮮統一をめぐる活動を指導していたのは、前述のように北朝鮮政府の外相であると同時に南朝鮮労働党（南労党）の事実上の最高指導者だった朴憲永であった。金日成が開戦を試図するようになったのは、中国情勢が変化する中に朴憲永の指導する南労党が李承晩政権を打倒して朝鮮半島全域に対する統治の正当性を掌握するかも知れないと考えられ始めた時期ではないかと推察できる。

換言すれば、米ソ両軍により構築された南北分断体制うち、少なくとも北朝鮮地域ではソ連の統一志向的なジェスチャーに後押しされて「民主基地」として創出された北朝鮮の政府首班である金日成には、朝鮮統一という代価を支払って初めて正当な統治権を認定される条件を当初から課していた。植民地統治時代における抗日闘争の経歴が北朝鮮政権内では指導的な地位に就く担保となっていたから、普天堡《ポチョンボ》戦闘の功績程度しか実績のなかった彼が、居並ぶ朝鮮独立運動の英傑の中で自らの指導権を確立するには、朝鮮統一を自分の主導権で達成する他にない政治構造を形成していたのである。

ここから、朝鮮統一の主導権をめぐり金日成派のそれを嫌う朴憲永派との暗闘が展開されていったと思われる。当時の南朝鮮地域で武装パルチザン闘争が広範に展開されていて、李承晩政権の「最後の発悪」を知らせる宣伝物は、北朝鮮地域では広く散布されていた(15)。この武装パルチザン闘争の盛衰に関しては、先行研究の成果を〈図表４〉に示している。この時点で金日成が真剣に朝鮮人民軍の投入を考えていたとすれば、この武装パルチザン闘争を軽視していたか、さもなければ評価したくなかったのか、どちらかだったと考える他はない。後述するように実際、ソ連に対して再開される開戦工作で、彼は武装パルチザン闘争という戦術との二者択一において自らの戦術を阻まれることになる。

スターリンに開戦を拒絶された金日成は、今度は自らの戦術を中国共産党中央に働きかけて、中国を通じて開戦に機会を見出そうとした。このような開戦工作に対して朴憲永は、ソ連の「平和擁護」の外交方針を盾に北朝鮮で祖国戦線を結成しようとした。それは、南北朝鮮にそれぞれ存在した民戦を単一の統一戦線へ統合する動きだった。

このように、金日成の中国への働きかけと祖国戦線の結成提起とが同時期であった点が二人の競合関係をよく示していて、特に注目に値する。ここでは先に金日成による中国への働きかけを見てから、祖国戦線の結成とその意味を考察しよう。

〈図表4　武装パルチザン闘争の盛衰〉

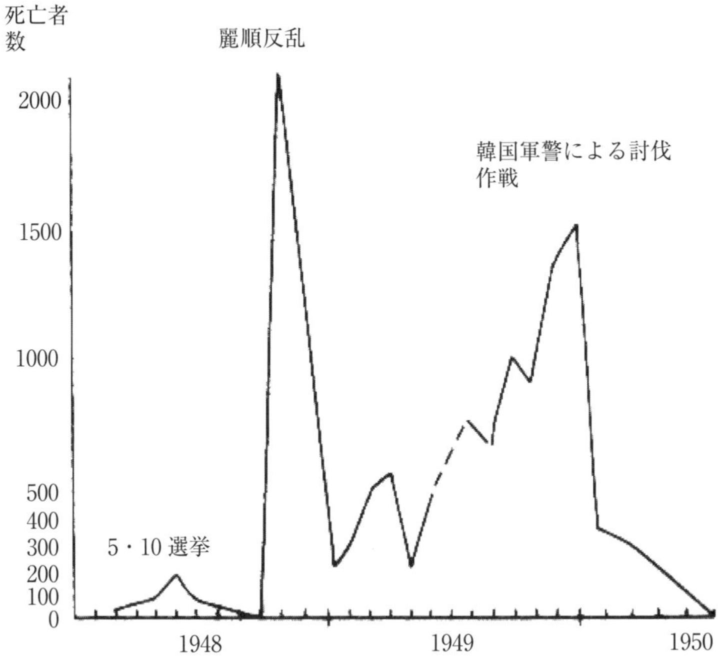

（出典：John Merrill, Internal Warfare in Korea, 1948-1950 : The Local Setting of the Korean War, Bruce Cumings (ed), *Child of Conflict* : *The Korean-American Relationship, 1943-1953*, p. 138. ）

第2節　中国への働きかけと毛沢東の立場

金日成は、1949年5月に腹心の金一《キミル》を中国へ派遣し、毛沢東はじめ中国共産党首脳部と会談させた。ロシア資料から見て取れる毛沢東の主張した要点は、一方で基本的に武力解放路線を支持する反面、他方で「中国側が自らの革命戦争を完了することを、金日成がまず最初に容認すること」だった[16]。少し詳しく見てみよう。

金日成の戦友で当時は民族保衛省文化部長だった金一は、朝鮮人民軍の創立1周年に当たる1949年2月8日に際し「レーニン、スターリンは、主権を自己の手中に掌握した勤労者たちは『自己の武力を創建し、それにより帝国主義者たちに反対する正義の戦争を準備しなければならない』と教えた。（中略）我が軍隊の人民的民主主義的特性は、日本帝国主義者たちとの闘争で団結し成長して強化されたパルチザン部隊が、我が軍隊の戦闘的核心となった点にある」と書いたように[17]、金日成と同様に朝鮮人民軍による全面内戦を企図する人物だった。その金一が同年4月28日に平壌を出発し、30日に奉天《現瀋陽》で高崗と会談した。高崗を通じて中国共産党中央委員会に取り次ぎを受けた金一は、北京で朱徳や周恩来と4回、毛沢東と1回の会談を行った。

金一は毛沢東に、必要がある場合、人民解放軍内の朝鮮人師団を北朝鮮へ提供してくれるよう要請する書簡を手渡した。毛沢東は、3個の朝鮮人師団のうち1個が攻撃作戦に参加中ながら、長春と奉天にある2個師団は完全武装の状態で北朝鮮政府のためにいつでも派遣できるし、弾薬も製造されているので北朝鮮側が必要なだけ供給できると回答した。

その上で毛沢東は「朝鮮における戦争は、電撃戦にも長期戦にもなりうる」としながら、次のように述べた。「あなた方にとって、戦争の長期化は不利であり、この場合、日本を巻き込むことになり、日本が南朝鮮『政府』へ支援を与えることにつながる。もっとも貴下は心配することはない。隣にはソ連、満州にはわれわれがいる。そして、必要な場合には、われわれは中国兵を投入できる。」[18]

しかし同時に彼は、中国駐在ソ連代表部に対する報告で「朝鮮の同志たちは、おそらく近いうちに米軍が南朝鮮から撤退すると考えている」として、「朝鮮の同志たちが恐れているのは、米軍部隊と入れ替わりに日本軍がやって来て、南側が北朝鮮に侵攻するのではないかということだ」と指摘した。そして毛沢東は「もし、日本人が加わっているならば、慎重さを見せること。そして、敵戦力が優勢な場合には、自らの部隊を保護するという観点から、侵入した敵部隊をよりよい状況を作って包囲し撃破するため、領土の一部を犠牲にした方がよい」とまで金一に助言していた。

さらに彼は「もし、アメリカ人が撤退し、日本人が来ない場合」でも「(すぐに) 南進を実行せず、より適切な状況を待つよう注意を促した。なぜなら、この南進の過程で、マッカーサーがすばやく日本の部隊と武器を朝鮮に移動させる可能性があるからである。われわれの主力軍すべてを揚子江［長江］の向こう［南］に出したため、迅速かつ根本的支援を供与できる状況にはない」と続けた。「われわれが考えているのは、次のような事態の展開である。それは、一九五〇年初めの国際情勢が幸運に恵まれたなら、このような一歩、すなわち南進を行うことができるというものである。」[19]

つまり毛沢東は、中国軍が「迅速かつ根本的支援を供与できる状況」、すなわち全中国を解放した暁にこそ北朝鮮は韓国を「解放」すべきだという立場であった。言うまでもなく長江渡河作戦が成功して当時は首都の南京も占領していたとは言え、中国国民党政府を打倒するには多大な兵力と準備が必要だと考えられており、のちに中国で「抗米援朝」に際して激烈な賛反の論議がなされたところから明白なように[20]、いかに勝勢が確実だったとは言え、毛沢東としても朝鮮半島における全面内戦には消極的にならざるを得なかったのである。

興味深い点は、のちに毛沢東が1956年の所謂「8月宗派事件」と関連して同年9月に北京でミコヤン（Anastas I. Mikoyan）と会った際、金日成について「愚かな戦争を開始した凡庸な人物なので解任する必要がある」と語った話である[21]。1949年5月という中国の内戦が今だ継続している中で金日成が開戦を急ぐ様子を見た毛沢東には、早くから北朝鮮とくに金日成に対する警戒心さえあったのかも知れない。彼は中ソ関係の改善を推進する中にあって「この進攻に中国が参加する場合とは、モスクワの同意を取りつけてからに限る」とモスクワへの電文に付け加えるのを忘れなかった[22]。

このように、金日成は中国への働きかけでも事実上その戦術を柔らかくも明確に拒絶された。毛沢東は人民解放軍の中の朝鮮人部隊を北朝鮮に戻す措置を講じてはくれたものの、「隣にはソ連」がいる金日成にとっては「モスクワの同意」を得ることが何よりも必要な開戦の条件であることが再認識されたはずだ。逆に言えば、当時の共産主義陣営のハイラキーから見て、スターリンの同意さえあれば中国が開戦に同意する可能性が高いことも認識できたであろう。

ただし、スターリンが述べたように李承晩が侵攻してくる場合、彼は中ソから事前の同意なしにも反撃する形で開戦の意図を遂げられるのであった。そのためには北朝鮮が守勢にあること、逆に言えば韓国が攻勢をかける好機にあることを示すのは、金日成にも好都合であった。その意味で、祖国戦線の結成に彼が反対する理由は何らなかったのである。

第3節　祖国統一民主主義戦線の結成と朴憲永

祖国戦線は一方で、北朝鮮内において中国情勢の進展に力を得て南北分断体制間での内戦も辞さずとする主張がなされ始め、他方では南朝鮮地域で高揚する武装パルチザン闘争と党細胞扶植活動を背景に韓国内政が混乱するという政治情勢を反映していた。ここでは、祖国戦線の主導勢力、その結成大会で示された情勢認識と統一論議および最終的に提示された「平和的統一方策」に焦点を当てて、祖国戦線の結成とその意味を分析しよう。

そもそも祖国戦線の結成は、実際に北朝鮮政権が守勢に立っているとの情勢認識から導き出されていた。当時は米軍の撤退と関連して韓国軍は戦争に打って出るのではないかという危惧が、北朝鮮のソ連軍だけでなくソ連本国の指導者たちの間でも共有されていた。1949年4月にシトゥイコフへ送った暗号電文を通じ、外務次官グロムイコ（A. A. Gromyko）は米軍の撤退予定を伝え、「四月から五月にかけて、南側は軍部隊を三八度線地域に集中せねばならず、六月には北側に対して奇襲をしかけ、八月までには北側の軍を粉砕したいということだ」との情報を流した[23]。これに対してシトゥイコフは同年6月、ソ連外相ヴィシンスキー（Andrei Ia. Vyshinskii）へ「朝鮮人民軍四個部隊と二個警備旅団とは、現在、おおよそ防御戦に従事するうえでの基本的準備を完了して」いるとしながらも、機械化旅団や航空部隊そしてそれに伴う兵器が著しく準備不足だとの判断を返信した[24]。

このような「北侵」の危惧は、同年の夏を通じて北朝鮮現地とソ連本国との暗号通信で繰り返された。ここからは当時、ソ連としては攻撃よりもむしろ防御の態勢だったことがうかがえる。それは、同年3月にスターリンが述べていたように、南北朝鮮間で全面的な内戦が勃発する際、米国がさまざまな形で介入するとの情勢認識を前提としていた。この米国との対決回避というソ連の意図を受けて祖国戦線は結成されたのであるから、開戦を望む金日成が主導したとは考えられない。

祖国戦線を結成する提議は形式上、1949年5月12日付で「南朝鮮諸政党・社会団体」から北朝鮮の民戦中央委員会になされた[25]。この提議を同月14日に受けた北朝鮮の民戦は、同月16日にこの提議に賛同する旨を返信した。そして同月18日に今度は南朝鮮の民戦中央委員会が、祖国戦線の結成に賛同する声明書を発表した。

この経緯を受けて、同月25日に開かれた祖国戦線の「結成準備委員会」第1次会議で諸政党・社会団体の代表として朴憲永が経過報告を行った。この会議では、準備委員会の指導部を選挙すると共に、同委員会第2次会議に提出する結成大会の計画案を作成した。同指導部には、その委員長に北労党中央委員会委員長で朝鮮最高人民会議常任委員会委員長の金枓奉、副委員長には南労党中央委員会委員長で朝鮮最高人民会議々長の許憲、副首相の洪命熹、そして朝鮮最高人民会議の副議長だった金達鉉《キムダルヒョン》と李英《イヨン》の二人が選出された。

ここで金枓奉が同指導部の委員長に選出された点は、彼が統一戦線の強化を朝鮮統一戦略の主要な柱と認識していた事実と符合する。金枓奉は1947年3月24日に開催された第12次の北朝鮮民戦中央委員会で議長として「南北朝鮮を問わず民主主義完全独立国家を建設するにおいては民族統一戦線を基礎として前進せねばならない」と述べていた[26]。後述のとおり、このような立場から金枓奉は、金日成らの全面内戦という戦術には賛同しなかったと考えられる。

そして、1949年5月31日にシトゥイコフ、金日成、朴憲永が会合して、祖国戦線が出すべきアピール文を検討した。続いて6月7日に開かれた結成準備委員会第2次会議では、この指導部による活動を審議、祖国戦線の結成大会計画案を採択した。和田春樹は、この祖国戦線の結成を「意外な展開」と見ているが[27]、金日成の立場からすると守勢から攻勢に逆転する上で、すなわち「平和擁護」を主張する中で李承晩からの攻撃を受ければ、スターリンの言葉どおり「反撃の絶好の機会」を得て願ったり叶ったりの事態になるはずであった。開戦を拒絶したスターリンの言葉に従い、シトゥイコフ、金日成、朴憲永が同床異夢ながらも祖国戦線の結成に合意したのは、むしろ自然な事態の流れだったと言えよう。

1949年6月25日から開催された祖国戦線の結成大会では、最初に祖国戦線の結成準備委員会を代表して金枓奉が開会の辞を述べた。金枓奉は「米帝国主義者たちは自己の軍隊を継続して駐屯させ、李承晩売国徒党どもを操縦して我が祖国に対する植民地隷属化政策を次第に露骨に敢行して」いるとの情勢認識を示した。このような情勢認識は、祖国戦線の結成大会を通じて繰り返され、大会初日に許憲が行った「国内外情勢と我々の任務についての報告」と題する基調報告ではより一層、明瞭に述べられた。

許憲はその報告の中で「南半部において全ての政治の責任者は、実際において米帝国主義者たちです。李承晩傀儡『政権』の一動一静は、彼らの主人である米帝国主義者たちの指示により決定されています」と述べた。この情勢認識は「朝鮮人民の全体的抗議と武力闘争が広範に展開されている今日に至り、米国人たちは朝鮮人民を欺瞞するための新たな策動として米軍撤退説を打ち出しています」という解釈につながった。

ただ許憲の報告では「米帝国主義者たちの操縦下にある南朝鮮の売国奴どもの内部暗闘と混乱は、日を追うごとに増大してい」るとの認識が示された。それは「1年にもならずに3回も変更」された韓国政府の閣僚人事、韓国国会と韓国政府間の「暗闘と軋轢」および「李承晩派対韓国民主党派、李承晩派対李範奭《イボムソク》派、李範奭派対韓国民主党派等々の暗闘」であった。このような情勢認識を踏まえて許憲は、祖国戦線の結成を通じて米軍の「即時撤退」と韓国政府の打倒を訴えた。

その際に彼は、南朝鮮の「人民と愛国的活動家たちにテロルが将来さらに一層、継続されるならば、必ずテロルにはテロルで応えなければなりません」と述べた。そして、祖国戦線が「自己の闘争と活動を統制するために、自己の中央機関を組織」すべきだと続けた。後述するように、この「中央機関」は朝鮮労働党が結成された際に「秘書」の新設として実現した。したがって、祖国戦線からする「テロル」、すなわち南朝鮮地域で展開される武装パルチザン闘争を指導する者が朝鮮統一を主導する役割を担うことになったのである。

祖国戦線が打ち出した朝鮮統一への道は、その結成大会の討論の中で張順明《チャンスンミョン》が北労党を代表して「我が祖国の統一独立を達成するための実際的方策」を提案することにより明らかにされた[28]。祖国戦線結成大会第2日目の6月27日に討論に立った張順明は「我が祖国に造成された政治情勢から出発し、祖国と人民の利益のために平和的方法で我が祖国を民主主義的な基礎の上に統一させることについての方策を討議し、南北朝鮮の政党・社会団体の指導者たちと協議した結果、一致した賛成を受けて我が党が主張するところの意見」を提案した。

この張順明の討論で強調された点は、「どこまでも朝鮮人民の自主的な力による平和的統一であり、いかなる外来の侵略的干渉も受けない統一」であった。彼は、このための朝鮮統一の方策が「朝鮮人民の前に提示された統一達成のただ唯一の方法であり、祖国と人民の利益に最も適合した方法」だと主張した。この「平和的統一」の方策は、金日成をはじめ少なからぬ満州ゲリラ派が懐いていた南朝鮮地域への朝鮮人民軍の投入による統一戦術とは際だった対照をなすもので、事実上はその否定に等しかった。張順明の討論の中では、当時は公式な会議のほぼ全ての意見陳述で言及されるのが常であったソ連および金日成への賛辞が全く入っていなかった。

張順明による北労党の提案を受けて演壇に立ったのは、南労党幹部で当時は朝鮮最高人民会議常任委員会副委員長の洪南杓《ホンナムピョ》であった。彼はその討論の中で次のように述べた。「我々が自己の政党や個人の利益よりも祖国と人民の利益のために、すなわち統一と独立完成のために全てのことを惜しまずに捧げる勇敢性を持つならば、張順明先生の意見に賛成するでしょう。これは我々の大譲歩であり、大英断から出て来た画期的な提案です。」

ここで言われた「大譲歩」とか「大英断」とかいう意味を考える時、洪南杓の念頭にあったのは全面内戦の戦術であったに違いない。彼が「全てのことを惜しまずに捧げる勇敢性」を要求したのは、むしろ金日成に対してではなかったろうか。洪南杓の討論の中にも、ソ連による米ソ両軍の同時撤退案への言及はあったものの、金日成への賛辞は入っていなかった。そしてこの洪南杓の討論で39人からなる「宣言書起草委員会」の構成員が提案され、同日この「宣言書」が朗読された後に採択、発表された。

この「宣言書」では「われわれ人民は同族内戦を望まない。われわれ人民は、米独占資本家たちと（中略）民族反動分子たちの利益のために血を流そうとは思わない。朝鮮人民は自分たちの手で、平和的方法で祖国を統一しようとするし、また統一することができる」と主張された。そして「宣言書」は、具体的な朝鮮統一の方策として、全12項目にわたる提案を行った。この提案の要点は、第一に南朝鮮地域からの米軍の即時撤退（第2項）、第二に「国連朝鮮委員団」の撤収（第3項）、第三に1949年9月に「南北朝鮮を通じて統一的立法機関の選挙を同時に実施すること」（第4項）であった。

もちろん、当時の政治情勢からすると、祖国戦線が提示した朝鮮統一の方策が実現可能性を持っていたとは到底かんがえられない。祖国戦線の主導勢力も、その実現可能性を信ずるほどには楽観的でなかったであろう。実際、この「平和的統一方策」の提案が韓国政府への「最後通告」と受け取られているという情報がモスクワへ伝えられていた(29)。確かに「宣言書」の最後は「万一、反動が固執して平和的統一作業を妨害する時には、朝鮮人民の処断を免れ得ないであろう」と結ばれていた。

しかし、結成大会は「宣言書」の採択後、祖国戦線の中央委員会議長団を選出して閉幕したが、この議長団の中には李克魯が北朝鮮政府の現職閣僚として入っていたにもかかわらず、金日成の名前はなかった。もちろん、祖国戦線の結成は北朝鮮政府の「最後通告」ではなく、朝鮮統一に最終的な責任を負う政府首班の金日成には、それが1年後になってやっと開戦のカムフラージュとして利用できたのである。

祖国戦線の結成は、その結成当日から一般民衆の圧倒的な支持を引き出すものとして広く宣伝された(30)。ある学術雑誌の表紙裏に掲げられた標語には「1. 米軍即時撤去、国土完整、祖国統一独立のための最も切迫した救国対策である『祖国統一民主主義戦線』結成万歳！　2. 朝鮮民主主義人民共和国万歳！　3. 抗日武装遊撃運動の民族的英雄であられ、共和国内閣首相であられる金日成将軍万歳！」とあった(31)。当時の北朝鮮住民が第2次世界大戦終了から4年しか経たない時点で南北朝鮮間に全面内戦が勃発することを望むはずもなかったから、祖国戦線の「平和的統一方策」は望ましいものと受け止められたはずである。戦争を望むのは常に時の権力者であって一般民衆ではない。

ロシア資料でも「もしも今、朝鮮半島全域で自由な条件の下、総選挙が実施された場合、左派および社会主義組織が勝利するだろう。左派および社会主義組織は、北側では八〇％の支持を、そして南側においては六五〜七〇％の支持を獲得する。だからこそ南朝鮮と米国は軍事的な問題解決に執着するの」だとあるように[32]、祖国戦線による総選挙の実施提案はそれを結成した主導勢力の利害関係と完全に一致した。つまり「平和的統一方策」が万が一にも実施されたならば、その結果として彼らの朝鮮半島全般にわたる政治的な主導権は確立したはずであった[33]。このように祖国戦線の結成過程とそれが打ち出した「平和的統一方策」から見ると、祖国戦線の主導権は朴憲永と南労党系列の国内派が掌握していたのは間違いない。

この主導権の問題は、朝鮮統一の主導権と連動して、後述するように朝鮮労働党の結成においても重要であるが、具体的な朝鮮統一戦略の差異として現れてくる。祖国戦線が打ち出した朝鮮統一戦略とは、全面内戦を回避しながら、朴憲永と南労党が遂行していた武装パルチザン闘争の展開戦術と党細胞扶植の戦術との併用による韓国政府の打倒であった。

したがって、祖国戦線の結成に対する金日成派からの反応は、これに比べてはるかに鈍かった。祖国戦線結成後の1949年７月９日、北朝鮮政府機関紙『民主朝鮮』は初めて祖国戦線の「平和的統一方案」が北朝鮮政府の「政綱」に合致するという社説を掲載した[34]。また同月15日には許憲が祖国戦線の中央委員会議長団を代表して朝鮮中央通信の記者と会見し、祖国戦線の「平和的統一方策」に対する北朝鮮政府の「態度」についての見解を質問された。許憲はこの質問に、北朝鮮政府は「それを支持、賛同し、その実現のために積極的に協調するであろうと考えます」と推定で答えた[35]。

実際に金日成が祖国戦線に公式な支持を表明したのは、その結成から１ヵ月以上も経った同年８月２日、新聞記者団に祖国戦線が提示した朝鮮統一の方策を「全的に支持、賛同する」と述べた時だった[36]。金日成にすれば、待っていた李承晩からの攻撃がなく、やむなく同時点で祖国戦線の結成により自らの戦術が縛られる結果になったことを認めざるを得なかったというところであろう。金日成にとって祖国戦線は、少なくとも戦術上で自らの朝鮮統一を封じ込められ、朴憲永にその主導権を奪われる契機として記憶されたはずだ。

むしろ、この時期に金日成の意向をそのまま表現したのは、北朝鮮政府財政相の崔昌益であった。彼は「南北朝鮮の民主力量は異なる２つの力量の体系として、すなわち異なる２つの力量の配合として観察するのではなく、統一した民主力量が異なる闘争角度から共同の闘争目標を達成するため互いに特殊な闘争任務を実践する統一した力量なの」だと性格規定した。その上で、祖国戦線の「平和的統一方針は決して宣伝に限った宣伝ではなく、実践を約束した宣言」ゆえに「目前の現情勢に照らして、我々は防御の姿勢をとるのではなく、攻撃の態勢をとらねばならない」と明言し、次のように続けた。「万一すべての反動が平和的統一事業に反対するならば、我々はそれを容赦しないだろうし、朝鮮人民はそれを他の方法で処断するであろう。万一すべての反動が国土両断と民族分裂に固執するならば、我々はこれを黙過しないだろうし、朝鮮人民はこれを他の方法で消滅するであろう。」[37]

ここで彼が言う「他の方法」とは、言うまでもなく南朝鮮地域への朝鮮人民軍の投入を意味していた。この1949年に入ってから次第に表面化して来た南北分断体制間で全面内戦も辞さずという主張に、祖国戦線は南朝鮮地域からの米軍撤退後に実施される南北朝鮮にわたる総選挙を通じた朝鮮統一の方策を対置した。だが、その方策は韓国政府には受け入れがたい内容であったところから考えて、祖国戦線が韓国向けと言うよりも、むしろ北朝鮮政府内の金日成派に朝鮮統一を実現するにあたり主導権を掌握させないために結成されたのだと推測できる。さらに進んで、祖国戦線の主導勢力は国内派だったから、朴憲永が指導する南労党による南朝鮮地域での武装パルチザン闘争の高揚を背景として、南北朝鮮の労働党を合党して結成された朝鮮労働党内で金日成派に対抗し得る勢力を占めることが、その結成の真の狙いだったのではなかろうか。

この狙いは、果たして南北朝鮮労働党の中央委員会を統合して朝鮮労働党連合中央委員会が結成された時、そのまま同中央委員会内における権力構造の変容として現れた。次章では南北朝鮮労働党の権力構造とその中央委員会の統合に伴う変容を検証しよう。

註

(1)　「民主基地」路線については第4章第1節で南北朝鮮労働党の分立と関連づけて論じるが、金枓奉が行った演説には「民主基地」という言葉が3回も使用されており、その路線が彼により提唱されたのではないかと強く推定させている。金枓奉「有權者들　앞에서　陳述한　金枓奉先生의　演説」、『勞動新聞』1949年3月26日、NA, RG242, SA#2005, 3/13.

(2)　金日成「一九四九年을　맞이하면서　全國人民에게　보내는　新年辭」、『旬刊通信』No. 8（平壌、1949年1月上旬号）、2頁、NA, RG242, SA#2005, 1/15.

(3)　朴明林は、その年頭の辞が「北朝鮮の共産指導部の革命戦術におい

て巨大な変化」を意味していたと書いている。朴明林『勃発과　起源』86-89頁。

(4)　「朝鮮民主主義人民共和國最高人民會議選擧總和와　黨團體들의　當面課業에　對하여（黨中央委員會第3次會議決定書、1948年9月25日)」、『決定集　1946. 9-1951. 11 黨中央委員會』平壤、朝鮮勞動黨中央委員會、1951年、71頁。

(5)　首席代表に外相の朴憲永、委員に洪命熹、朴正愛、李英、洪箕疇が名を連ねていた。「朝鮮民主主義人民共和國内閣決定第16号：國聯總會代表派遣에　關한　決定書（1948年10月7日）」他、『第三次國聯總會와　朝鮮問題』平壤、國際問題研究會、1949年、2-9頁、NA, RG242, SA#2005, 2/99.

(6)　朴憲永「朝鮮民主主義人民共和國政府의　對外政策에　關하여」、前掲『北韓最高人民會議資料集』第Ⅰ輯、217-218、225頁。

(7)　北朝鮮内でも「1948年11月、東北が完全解放された後、今年1月31日に歴史的な文化古都の北平解放と共に、華北で国内戦争が基本的に完了し、人民解放軍は中原を解放しつつ華南に向かって南京に追撃することになる今日、国民党反動派どもの敗北は決定的な事実となった」と認識されていた。「最近의　中國情勢」、『勤勞者』第6号(28)（平壤、1949年3月）、50頁、NA, RG242, SA#2005, 1/34.

(8)　メリルの研究によると、1948年3～4月の麗水・順天事件後に一時期は停滞した武装パルチザン闘争が南北分断体制の樹立後に再び活発化していった。John Merrill, Internal Warfare in Korea, 1948-1950 : The Local Setting of the Korean War, Bruce Cumings (ed), *Child of Conflict : The Korean-American Relationship, 1943-1953* (Seattle and London : University of Washington Press, 1983), pp. 137-138.

(9)　「6・25内幕　모스크바　새証言　서울新聞發掘　蘇文書속秘史」1、『서울新聞』1995年5月15日。【以下「6・25内幕」と略記】なお、本記事を書いた特派員だった李洪東によれば、資料は当時のモスクワ大学大学院生で後に朝鮮戦争研究で業績を挙げたバジャーノフ夫妻の

翻訳を転載したものだという。李淇東へのインタヴュー、ソウル経済新聞社、2002年9月3日。

(10)「1948年8月27日」、『日記』165-166頁（韓国文）／390-392頁（ロシア文）。

(11) 金枓奉「閉幕辭」、前掲『朝鮮勞動黨大會資料集』1，261頁。

(12) 金日成「事業決算報告」、同上書、135頁。

(13) この概念は、次の論文から借用した。James Richter, “Reexamining Soviet Policy towards Germany during the Beria Interregnum”, Cold War International History Project, *Working Paper*, No.3（Washington, D. C., June 1992), p.19.

(14)「建国思想総動員運動」については拙論を参照されたい。森善宣「解放後の北朝鮮における『建国思想総動員運動』の展開」、『アジア経済』第34巻第10号（東京、1993年10月）、2-17頁。また、その運動が北労党により企画、実行された事実は、次により明確である。北朝鮮勞動黨平壤市黨宣傳煽動部「秘　建國思想總動員運動에　關한　詳細宣傳計劃書」1946年12月、NAⅡ、RG242, Entry# 300C, Box. 27, Item. 201209.

(15) この頃すでに3・1運動と関連して「南半部で広範な愛国人民たちは、平和的示威運動から人民抗争へ、人民抗争から武装闘争へと、祖国独立のための武装闘争を展開している。（中略）歴史が教えるとおり、最後の勝利は人民のものである」と宣伝されていた。崔昌益「三・一運動三十週年에　際하여」、『勤勞者』第4号(26)（平壤、1949年2月）、27頁、NA, RG242, SA#2005, 1/34.

(16) А. В. Торкунов, ЗАГАДОЧНАЯ ВОЙНА――КОРЕЙСКИЙ КОНФЛИКТ 1950-1953 ГОЛОВ――（下斗米伸夫・金成浩訳『朝鮮戦争の謎と真実――金日成、スターリン、毛沢東の秘密電報による――』東京、草思社、2001年、100頁。）【以下『謎の戦争』と略記】

(17) 金一「朝鮮人民軍은　真正한　人民의　軍隊이다――朝鮮人民軍創立一週年에　際하여――」、『勤勞者』第3号(25)（平壤、1949年2月）、

38、41頁、NA, RG242, SA#2005, 1/34.

⒅　「シトゥイコフからモスクワへ（1949年5月15日）」、『謎の戦争』101-102頁。

⒆　「コワリョフからスターリンへ（1949年5月18日）」、同上書、104-105頁。

⒇　朱建栄『毛沢東の朝鮮戦争：中国が鴨緑江を渡るまで』東京、岩波書店、1991年、第7章以下。

(21)　下斗米、前掲書、240頁。再引用。

(22)　「コワリョフからスターリンへ（1949年5月18日）」、『謎の戦争』、105頁。

(23)　「グロムイコからシトゥイコフへ（1949年4月17日）」、同上書、34頁。

(24)　「シトゥイコフからヴィシンスキーへ（1949年6月22日）」、同上書、46頁。なお、ここで言う「四個部隊」とは4個師団を指している。

(25)　以下、祖国戦線の結成に関する引用は、特別な注釈がない限り全て次の資料による。「祖國統一民主主義戰線資料Ⅰ（結成大會）」、前掲『史料集』Ⅵ、213頁以下。なお、許憲の報告にある李範奭とは、韓国政府で初代の国務総理兼国防部長官を務めた人物である。

(26)　「民主主義民族統一戰線을　더욱　强化하자」、『勞動新聞』1947年4月1日、NA, RG242, SA#2006,5/3.

(27)　和田『全史』52頁。

(28)　張順明は朴憲永と共に、1925年4月に結成された「高麗共産青年会」に参加した人物で、前述のように1948年3月に開催された北労党第2次全党大会では金日成派から「宗派主義者」と批判されていた。彼はこの批判に対して「この宗派的傾向は（中略）死んでやっと清算される」のだと反論するほど、開戦と前後して朴憲永派と固く結び付いていた。最終的に朴憲永が全面内戦の戦術を受け入れたため、張順明ら朴憲永派も開戦後は金日成支持へと転換したのである。前掲の拙論「解放後の北朝鮮における『建国思想総動員運動』の展開」を参照されたい。

(29)　「シトゥイコフからヴィシンスキーへ（1949年7月13日）」、『謎の戦争』48頁。祖国戦線の結成が金日成にとり、北朝鮮側からの攻撃が近いと誤認させて、韓国側からの先制攻撃を誘引しようとする開戦工作だったとは考えにくい。状況から推測して、それほど金日成に知恵が回ったとは想像しにくいからである。現実にはソウルのムチオ米大使らは、米軍の撤退に伴い北朝鮮軍が攻撃して来ると警戒し、対策を講じていた。*FRUS,* 1949, Vol. Ⅶ, p.1049n.

(30)　「社説：全朝鮮人民들은　祖國統一民主主義戰線結成大會를　擧族的으로　歡呼支持한다」、『民主朝鮮』1949年6月25日、NA, RG242, SA#2005, 3/13.

(31)　「標 語 」、『施 設 』1949年 7 月 号（平 壌、1949年7月）、NA Ⅱ, RG242, Entry#300C, Box. 39, Item. 201446.

(32)　「シトゥイコフからスターリンへ（1949年6月5日）」、『謎の戦争』40頁。

(33)　和田『全史』52-53頁。和田は「シトゥイコフが『平和統一』という言葉を連発しているのは、彼自身が自らを欺いているところがある」と書いている。スターリンと金日成の間に立つシトゥイコフとしては、後述のように金日成に同情しつつも実際には武装パルチザン闘争の推進戦術をモスクワに提案する立場だった。つまり、全面内戦を回避する中で李承晩政権の打倒や倒壊を狙う朴憲永の戦術に近かったのであり、彼の「平和統一」の主張は必ずしも自己欺瞞とはシトゥイコフ本人に感じられなかったはずである。

(34)　「社説：祖國統一民主主義戰線의　平和的統一方策은　人民共和國의　政綱에　合致한다」、『民主朝鮮』1949年7月9日、NA, RG242, SA#2005, 3/13.

(35)　「祖國統一民主主義戰線議長團　許憲先生　朝鮮中央通信記者와　會見」、『勞動新聞』1949年7月15日、NA, RG242, SA#2005, 3/13.

(36)　金日成「祖國統一民主主義戰線結成大會의　平和的統一方策에　對

한　朝鮮民主主義人民共和國內閣首相金日成将軍의　言明（一九四九・八・二　記者團과의　問答）」、『史料集』Ⅵ、314-316 頁。

(37)　崔昌益「朝鮮人民은　民主主義人民共和國의　기치아래　祖國統一을　為하여　奮闘邁進한다」、『勤労者』第 15 号(37)（平壌、1949 年 8 月）、10、19 頁、NA, RG242, SA#2005, 1/34.

第4章

朝鮮労働党の結成

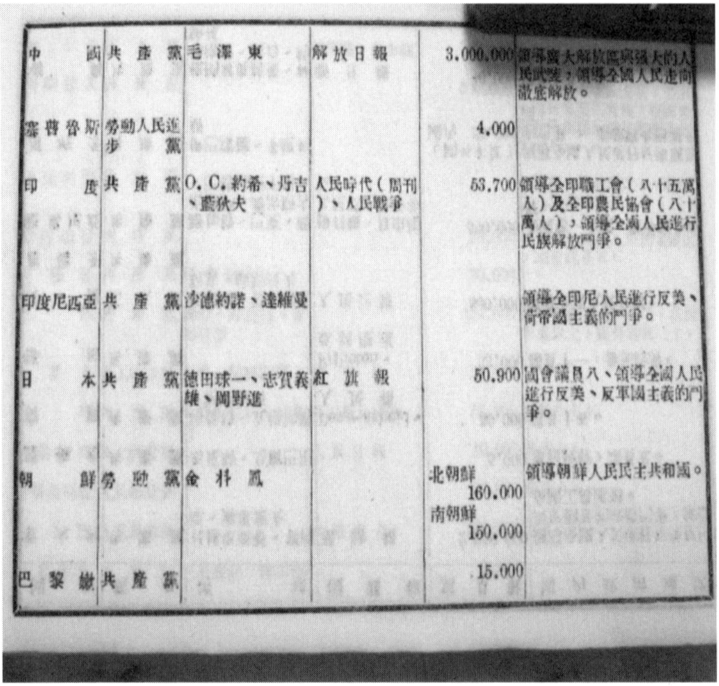

中國	共產黨	毛澤東	解放日報	3,000,000	領導廣大解放區與強大的人民武裝，領導全國人民走向徹底解放。
塞普魯斯	勞動人民進步黨			4,000	
印度	共產黨	O. C. 約希、丹吉、蘭狄夫	人民時代（周刊）、人民戰爭	53,700	領導全印職工會（八十五萬人）及全印農民協會（八十萬人），領導全國人民進行民族解放鬥爭。
印度尼西亞	共產黨	沙德約諾、達維曼			領導全印尼人民進行反美、荷帝國主義的鬥爭。
日本	共產黨	德田球一、志賀義雄、岡野進	紅旗報	50,900	國會議員八、領導全國人民進行反美、反軍國主義的鬥爭。
朝鮮	勞動黨	金枓奉		北朝鮮 160,000 南朝鮮 150,000	領導朝鮮人民民主共和國。
巴黎嫩	共產黨			15,000	

金枓奉が朝鮮労働党連合中央委員会委員長に就任していた事実を示す中国資料
（出典：National Archives Ⅱ）

南北朝鮮で結成された労働党は、1946年7月のスターリンと金日成ならびに朴憲永との会談で下された「至上命令」を受けて、上からの統合を通じて生まれた双子の政党だった[(1)]。この双子の労働党は後に統合されて北朝鮮政権内で単一の執権政党として君臨し現在に至っているが、元来は異なる権力構造と政治機能を持ち、その追求する政治目的も相当に異なっていた。

第1節　南北朝鮮労働党の権力構造

朝鮮の解放後に早くも1945年9月2日にはソウルで朝鮮共産党が再建を宣言し、これを「京城コム・グループ」を率いていた朴憲永が統括した。朴憲永は、日本の植民地統治時代から抗日活動を継続しただけでなく、モスクワで所謂レーニン大学に学び、共産主義運動の理論にも明るく、当時としては数少ないインテリゲンチャの一人だった。彼の指導の下、ソウルの再建共産党は党「中央」を自認し、南北朝鮮にまたがる活動を始めた。

北朝鮮地域に進駐したソ連軍は、その最も頼りとする共産主義勢力について、ほぼ正確に情報をつかんでいた。その調査報告書では「1945年8～9月の間に朝鮮では、朴憲永を首班とする単一の中央委員会を持つ共産党の組織的な創建が完結した。南北朝鮮にいろいろな政治的状況が造成され、南北朝鮮が38度線で急激に分断されて対立するや、北朝鮮の共産党団体は、朝鮮共産党中央委員会に服従する自らの党指導部を組織する他なかった。（中略）彼らは北朝鮮の党団体を指導する組織局を創設したが、この組織局が朴憲永を首班とする朝鮮共産党中央委員会に服従しようと提議した」という[2]。

別の報告書では「北朝鮮領内で共産党の党員数は、今年12月1日現在、資料によれば約4,500名に達する。この党中央委員会は、ソウルにある。北朝鮮領土内では北朝鮮担当の中央委員会組織局が党の活動を指導する」とされていた[3]。ここで言う「中央委員会組織局」とは、前述のとおり1945年10月に「朝鮮共産党北朝鮮分局」と称した党組織で、一応は党「中央」の承認を受ける形ながらも独自の活動に着手した。そして、同年12月には所謂「新義州《シニィジュ》事件」後に同分局の責任秘書《書記長に相当》に金日成が就任し、のちに「北朝鮮共産党」へと党名を変更するまでに至った。

南北朝鮮の各地域では解放後、これら共産党とは別に民族主義中道勢力ないしは同左派勢力も数多く政党を結成した。一方の南朝鮮地域において特筆すべき政党としては、解放直後に朝鮮建国準備委員会を組織して1945年9月6日に「朝鮮人民共和国」の樹立を宣言した呂運亨が、この支持勢力を基盤として結成した朝鮮人民党があった。他方、延安に根拠地を持つ中国共産党の下で「別動部隊」である朝鮮義勇軍と共に抗日運動を展開した朝鮮独立同盟が1945年12月以降に北朝鮮地域へ帰還して結成した朝鮮新民党があった。ソ連軍の資料によると、その「同盟員たちは南朝鮮と北朝鮮へ行き、各々が民主政党である新民党を創立した。(中略) 北朝鮮で新民党は、党中央委員会が選出され、道、市、郡の党委員会、初級党団体が組織された1946年2月に最終的に創設された」。

同党は「広範なインテリ階層と進歩的ブルジョアおよび農民

に依拠した。党員の50％以上がインテリ、事務員および自由業だった。（中略）1946年3月15日現在、党員数が11,000名だったのに比し、同年6月26日現在は26,000名に達し」、「党員数は急速に増えた」(4)。実際に南朝鮮新民党は著名な経済学者だった白南雲が、そして北朝鮮地域の朝鮮新民党「中央」では植民地時代から既に著名な朝鮮語学者で朝鮮独立同盟主席だった金枓奉が、それぞれ党中央委員会委員長に就任していた。このように朝鮮新民党は共産主義政党ではなく、民族主義左派勢力に属する政党だった。

ところで、前述の所謂「信託統治紛争」後の1946年1月に開催された米ソ共同委員会予備会談の開始と前後して、当時の朝鮮共産主義運動では「国際路線」と言われる米ソ両国との協調の下で統一政府を樹立しようとする活動が推進された。1946年3月に米ソ共同委員会の本会談が開催されるまで、この路線以外に何らかの新しい主張がなされた証拠は現在まで見出されない。

ところが、同年2月に予備会談が何らの成果もなく終わるや、北朝鮮地域では金日成を委員長とする北朝鮮臨時人民委員会が同月8日に組織された。これは、ソ連の分断政策を露骨に示すものだった。それで、米軍政の最高責任者で米第24軍団長のハッヂ（John R. Hodge）中将は、本会談の開始後まもなく「ロシアが全て間違いなく共産主義的になるだろうと確信している限り、北と南は決して実際には統合されないだろう」と米国務省へ打電していた(5)。このような情勢の展開を受けて提起されたのが所謂「民主基地」路線であったと考えられる。

同年3月20日前後に朴憲永は、南朝鮮地域の共産党幹部の秘密会合でモスクワ協定に反対する「反動派がソ米共同委員会を破壊するならば、われわれは外国軍の速かな撤退を強く要求し、朝鮮人民の自らの手で朝鮮の独立をかちとるほかはない。それには、われわれは、北朝鮮の人民政権によって急速に民主改革・民主建設を推し進め、北朝鮮全域を革命根拠地として、一挙に南朝鮮を解放しなければならない」と言明したとされる[(6)]。この言明は「民主基地」路線の本質、すなわち南朝鮮地域「解放」のため北朝鮮地域に「民主主義の根拠地」として政治的、経済的な革命陣地を建設するという内容と一致し、米ソ共同委員会の失敗を見越した路線転換の展望を含んでいた。

「民主基地」路線は、一部で主張されるように北朝鮮地域で金日成が活動を開始した当初から唱導していた路線ではなく、少なくとも北朝鮮地域だけでの社会経済的な改革に止まらず、南朝鮮地域の「解放」という革命志向的な政治勢力がこれを主張したと考える他はない。つまり、金日成が率いる北朝鮮共産党がソ連の分断政策を実行する媒体だったところから考えると、その路線は南北朝鮮にわたる民族統一戦線の結成と強化を訴える勢力が唱道したと推定するのが自然であろう。この路線に覚醒されたかのように1946年7月になってやっと北朝鮮民主主義民族統一戦線が結成されたのは、ソ連の現地政策執行者として金日成が朝鮮統一に当初は本気でなかったことを示す証左とも受け取れよう。

ともあれ「民主基地」路線は、この時期から共産主義勢力にとり「国際路線」に代わり得る現実的な妥当性を持つ路線として認識されるようになった。北朝鮮労働党（北労党）の結成が推進された時期が第1次米ソ共同委員会の破綻した時期だったことは、単に前述のスターリンからの指示によるところばかりではなかったと思われる。ソ連の朝鮮政策に服しながらも、それを何とか朝鮮統一に結びつけようとする主体的な活動を我々は見出すのである。かくして北労党の創立大会は、同年8月28日から30日まで開催され、ここに民族主義政党の朝鮮新民党と共産主義政党の北朝鮮共産党が合党するに至った(7)。

北労党の創立大会第2日目には本格的な報告と討論が行われた。同日は金日成と金枓奉から北労党の創立についての報告がそれぞれ行われ、両人ともに米軍政ならびに李承晩、金九などの大韓民国臨時政府要人を非難する一方で民族統一戦線の結成と強化を強調した。この後、各道代表の討論が続き、最後に金日成が討論に対する結論と質問への答弁を合わせて行った。

この中で彼は「労働党の中心任務は朝鮮の民主主義的完全独立を一日も早く促成するところにあり、このため第一に北朝鮮の民主主義根拠地を更にいっそう強固にし、第二に我々の民主主義的なあらゆる課業を、南朝鮮の民主主義的な政党・社会団体を助けて全朝鮮に実行するようにしなければならない」と発言した。この発言を以て前述の「民主基地」路線が南北朝鮮を問わず労働党の党路線として確定した証拠としてよかろう。金日成の発言を受け、北労党を「創立するについての決定書」が採択され、北労党は正式に発足した。

北労党では中央委員会委員長に金枓奉、同副委員長に金日成と朱寧河がそれぞれ就任した。党中央委員会の核心をなす政治委員会は、金枓奉、金日成、朱寧河の他に崔昌益、許《ホ》ガイからなっていた。派閥構成から見ると満州ゲリラ派と国内派がそれぞれ副委員長職を占め、これを延安派の金枓奉が党首としてまとめる形になっていた。朱寧河は、前述のように朴憲永の信任が厚かったと見て良い。崔昌益は、朴憲永が属した「火曜会派」とは一線を画す「M・L（マルクス・レーニン）派」であると同時に朝鮮独立同盟副主席という延安派の重鎮として政治委員会に加わったと思われる。ソ連派の頭目格だった許ガイは、いわばソ連軍のお目付役として政治委員になったものであろう。

この北労党の結成に遅れること4ヵ月、南朝鮮地域で巻き起こった民衆反乱の中で南朝鮮労働党（南労党）が結成された。南労党の結成過程は複雑であるが、要約すると次のようになる。

すなわち、呂運亨の朝鮮人民党、白南雲の南朝鮮新民党、そして朝鮮共産党の三党で統合を目指す中、朴憲永の指導権を嫌う朝鮮共産党内の勢力が呂運亨や白南雲と結んで「社会労働党」中央委員会を組織、これに対してソ連軍の支持を背景とする朴憲永が北労党からの介入を要請した。このため、北労党では共産党内で反朴憲永派の代表格である姜進《カンジン》、呂運亨、それに白南雲を平壌に呼んで難詰した挙げ句(8)、社会労働党を批判する声明書を党首の金枓奉が自ら司会して採択し、発表するに至った(9)。この声明書を受けて社会労働党は解体することになった反面、南労党は朴憲永支持勢力を集めて1946年11月23〜24日にソウルで開催された創立大会を経て結成され、合法政党として南朝鮮地域の共産主義活動を担うようになった。

南労党の権力構造を見ると、党中央委員会委員長に許憲、副委員長には朴憲永と李琪錫《イギソク》が就任した。中央委員会政治委員会は、彼らに加えて具在洙《クジェス》、金用在《キムヨンジェ》、李承燁、金三龍《キムサムニョン》により構成されていた。許憲は日本植民地統治時代から反日的な弁護士として著名で、具在洙と同様に新民党員だったが朴憲永の厚い信頼を得ており、越北後にシトゥイコフとの面談で「外務省の業務を助けてくれることを依頼す」る程であった[10]。李承燁と金三龍のどちらも共産党員として朴憲永の腹心で、のちに前者が北朝鮮政府で内閣の司法相として、後者は南朝鮮地域で事実上の総括責任者として南労党の活動全般を指導するようになった。李琪錫は金用在と共に朝鮮人民党の代表格として政治委員となったものの、実権は余りなかったものと見られる。

したがって、南北朝鮮労働党の権力構造を眺めると、南労党の指導部が朴憲永派でほぼ構成されていたのと比べて、北労党には中央委員会の中にも国内派が多数いたところからも明白なように[11]、いわば朝鮮共産主義運動の各派閥により混成された観を呈していた。さらに南労党では、社会労働党からの脱党者にも条件付きで入党を許したので、朴憲永の指導権は強固に打ち立てられ、南北朝鮮にわたり影響力を行使する立場を形成していった。南労党結成の過程でも北朝鮮のソ連軍は、一貫して朴憲永を支持していた[12]。

しかも、時あたかも同年９～12月に「９月総罷業、10月人民抗争」と言われる南朝鮮の広い地域を巻き込んだ民衆反乱が展開され[13]、この中から前述したとおり武装パルチザン闘争が開始されるに至った。つまり、南労党結成の過程で朴憲永が指導して自らの立場を支えることのできる朝鮮統一の具体的な戦術が生まれたのである。以後、朴憲永は過大なまでに武装パルチザン闘争を評価し、金日成による全面内戦の戦術に対置しようとした。

このような南北朝鮮労働党の権力構造ならびに両党の戦術の

相違を反映した形で出現したのが朝鮮労働党であり、それは南北朝鮮の労働党中央委員会を統合して結成された。次節では朝鮮労働党の結成に至る経緯とその権力構造を検討しよう。

第2節　朝鮮労働党の結成と権力構造の変容

南北朝鮮労働党が結成されて後、早くも1946年12月12日に朴憲永は「以前に存在していたような党の中央について問題を提起し」た。彼は「単一の非合法的中央を創設しなければならないという問題を提起してい」たのであった。この問題提起を受けてシトゥイコフは「金日成の意向を調べた。彼もやはり同意している」と書いていた(14)。

この両労働党を指導する「単一の非合法的中央」の創設問題についてシトゥイコフは、1947年1月に入ってから金日成に対して次のように述懐していた。「南北朝鮮労働党の単一の指導部が創設されるならば、誰が指導者となるであろうか？　金枓奉あるいは許憲。彼らの間に軋轢が芽生えるだろう。もしも朴憲永を指名すれば、金枓奉が反対するだろうし、許憲はどのように身を処するか分からない。一定の時間が過ぎた後、この問題を再検討することを約束する。」(15)

ここで明確なように、金日成は最初から「指導者」としては問題外であった。これは、スターリンからは朝鮮共産主義運動の「最高指導者」と黙示されたものの、金日成がソ連の現地政策執行者として現地では運動の指導者とは当初から見なされていなかったことの証左だった。シトゥイコフの日記から読み取れるように、金枓奉、許憲、そして朴憲永の3名の中から党の指導者が考えられており、選出に当たっては相互に反目が起こると予想されていたのである。

シトゥイコフは、この問題を1948年7月に入って「再検討」した。南北朝鮮で朝鮮最高人民会議を創設する「巨大な選挙運動」が展開されたとされる中、彼は「南北朝鮮労働党の非合法的な中央委員会の創設を準備する、政府組織ならびに閣僚の人選問題を終える」ことを「解決すべき問題」として挙げていた。彼は同月30日に金日成と朴憲永に会って面談し、次のように書き記していた。「金日成と朴憲永が朝鮮労働党連合中央委員会の創設を準備するという点について約束する。北側からは金枓奉と金日成を包含させることとする。南側からは誰を包含させるのか、決定できない。」[16]

もちろん、ここでシトゥイコフが語っているのは「連合中央委員会」の核心となる政治委員会についてであった。政治委員会委員の人選決定の経過に関する記述を見ると、北朝鮮の議会と政府の創出についてシトゥイコフが金日成と対話する中で「北朝鮮における選挙の進行経過について説明する。指導部に関する中央委員会の決定について、朴憲永の委員長選出ならびに金日成の副委員長選出について説明する（Информировал о ходе выборов по Сев. Корее о решении ЦК по руководству и избрании Пак Хен Ена – председатедем и Ким Ир Сена – заместителем）。（中略）内閣の成員構成について話す。大統領《首相の誤記――編訳者の原註》と数名の閣僚たちについては、意見の不一致が存在する。私は自分の見解を明らかにするのを回避する」と書かれている[17]。

この南労党と北労党の中央委員会の統合について、朝鮮人共産主義者の側から初めて公式に言及したのは、1948年9月25日に開かれた北労党第3次中央委員会で報告に立ったソ連派の中心人物である許ガイだった。その報告で許ガイは「南北の労働党の前に提起される最も重要な課業」として「我々の祖国に対する米帝国主義者たちの政策を破綻させ、南朝鮮の親日派と民族反逆者たちで組織された、いわゆる南朝鮮単独『政府』を孤立、粉砕すること」だと述べた。彼はその具体策として「我々は民主主義諸政党・社会団体とだけ統一戦線政策を実施するのではなく、米帝国主義者と南朝鮮単独傀儡政府に反対して祖国の統一のために闘争する全ての中間諸政党と、甚だしくは右翼諸政党と社会団体とまでも行動統一政策を実施すること」を提起した。この提起が前述の南北朝鮮の民戦を統合した祖国統一民主主義戦線（祖国戦線）の結成となって結実した。

さらにこの提起の上で彼は「このような挙族的行動統一政策を実施するためには、この政策で南北の労働党の核心的で主導的な役割を保障しなければならない」と主張した[18]。この主張は、祖国戦線の結成と関連させて南北朝鮮の労働党を合党させる提起とも受け取れる。だが彼の発言を注意深く読むと、祖国戦線の活動のために南労党と北労党の「核心的で主導的な役割」を主張こそすれ、両党の合党にまで言及したわけではなかったことが分かる。つまり、許ガイの主張は前後の脈絡からすると、シトゥイコフの意向を受ける形で祖国戦線の活動を指導する南労党と北労党の中央委員会の統合を提起したものだった。

実際に北労党では許ガイが報告を行った同日、次のような決定書を採択した。「党中央委員会は党中央の日常的事業を組織、指導するため、党中央常務委員中から党中央組織委員会を構成することを決定し、党中央組織委員会委員は金日成、許ガイ、金烈《キムニョル》、朴昌玉《パクチャンオク》、朴永成《パクヨンソン》同志の５名で構成する。」[19]

この「党中央組織委員会」の人的な構成を見ると、その委員は金日成以外すべてソ連派の幹部が占めており、ソ連とのパイプ役としてこの委員会を機能させる意味があったと思われる。そこから推測すると、南労党でも同様な委員会が組織され、南北朝鮮労働党の中央委員会の間でソ連と意思疎通できる協議機関が創られた[20]。この協議機関を通じて中央委員会の統合に伴う連合中央委員会委員やその核心である政治委員会委員の人選が決定されていったようである。上述のとおり、この人選を絞り込むそれまでの経過を見ると、朴憲永が党中央委員会委員長とされる記述はあっても、金日成を党首とする記述は全く発見できない。

これと関連して、南北朝鮮の労働党で連合中央委員会を結成した日時については、従来それが秘密にされてきた関係で確定できないが、諸資料を総合的に勘案すると1949年6月30日であったと推定される[21]。この日時が許ガイの報告から10ヵ月も経過している事実を考えると、前述のシトゥイコフの述懐からも推測できるように連合中央委員会、特に同委員会政治委員会の人選には相当な意見の対立と紆余曲折の調整があったことが分かる。逆に言えば、その人選は政府閣僚のそれと同様、朝鮮人共産主義者たちにとっては極めて重要で敏感な問題だったから、シトゥイコフが「自分の見解を明らかにするのを回避」したようにソ連軍からは敢えて介入せず、当事者たちに任せたのであろう。

連合中央委員会の権力構造も詳びらかではないけれども、同委員会は事実上その最高意思決定機関たる同委員会政治委員会の他に「秘書」を置く変則的な権力構造を持っていた。この時点で既に北朝鮮駐在のソ連大使となっていたシトゥイコフの電文によると「パルチザン活動の指揮は、労働党中央委員会の工作員を通じて行われて」いた[22]。この秘書として従来、南北朝鮮地域で武装パルチザン闘争の展開にそれぞれ責任を負っていた金三龍と李承燁に許ガイが加わったと考えられていた[23]。

このうち許ガイについては、複数の資料で彼が党中央委員会副委員長とその職責を兼務していたことを確認できる[24]。また李承燁は、のちに粛清の過程で「党中央委員会前秘書であり政治委員」だと呼ばれている[25]。そして、もう一人は、政治委員だったと確認できるだけの金三龍ではなく、ソ連派に近い朴正愛《パクジョンエ》だったと推測される[26]。ここから見て、この秘書を置いた権力構造は、武装パルチザン闘争の戦術をソ連派と国内派で協力して実践するためであった。

これらの記述から、党連合中央委員会政治委員会の人的な構成も確定できる。政治委員会委員としては委員長に金枓奉、副委員長に朴憲永と許ガイ、そして平の政治委員として金日成、金策、朴一禹、許憲、李承燁それに金三龍が加わっていた。これまでは政治委員会委員長すなわち党中央委員会委員長を金日成とするのが通説で、これを学術的に広めたのは朝鮮共産主義運動の先駆的な研究者と言われる徐大粛《ソデスク》だった[27]。けれども、上述した人選の経緯といくつかの諸資料から見て、金枓奉が党中央委員会委員長で、金日成は単に政治委員会委員に過ぎなかったのである。

金日成を同党々首とする見解は、朝鮮戦争が小康状態にあった1952年4月に刊行された北朝鮮の資料『金日成将軍の略伝』で1949年6月に「南北朝鮮労働党連合中央委員会」が招集され、両党連合についての決定を採択し、南北朝鮮労働党を朝鮮労働党に統一させて「その委員長に金日成将軍を選挙した」とあるところから一般化したようだ[28]。例えば、朝鮮戦争後に北朝鮮で文化宣伝副相を務め、1956年の「8月宗派事件」で中国へ逃亡した延安派の金鋼《キムガン》でさえ、筆者との面談で明確に党中央委員会委員長が金日成だったと述べた[29]。しかしながら後述するように、1949年6月時点において連合中央委員会委員長を金日成とする主張は、開戦後に行われた金日成による同職責の簒奪に伴う偽造であったと見られる。

まず、金枓奉が連合中央委員会委員長だった証拠のひとつに、中国人民志願軍兵士の手帳中に掲載された、世界の共産党について情報をまとめた一覧表がある。それによると「国名／党名／領袖／機関報／党員数／国内政治地位」の順で「朝鮮／労働党／金枓鳳／（記載なし）／北朝鮮160,000南朝鮮150,000／領導朝鮮人民民主共和国」とある。もちろん、この「金枓鳳」は金枓奉のことであり、誤記は中国側の軽率な事務処理によるものと考えられる。「朝鮮人民民主共和国」とは「朝鮮人民の民主共和国」の意味で南北朝鮮を指す。なお、この一覧表の作成日時は1949年10月とされている[30]。

二つに、ロシアへ亡命した朝鮮人たちが記した本には「朝鮮労働党中央委員会委員長で、国家元首だった七〇歳過ぎの老人金枓奉」とある[31]。第三に、当時の党機関誌に掲載された朴憲永と金日成の各論文には、前者に正しく「労働党副委員長」とあるのに反して、後者には何の肩書きも付いていなかった[32]。第四に、朝鮮戦争の開戦後にソ連へ送られた電文には送信者である金日成に「朝鮮労働党中央委員会政治委員会の依頼によって」と但書がしてあり、党首が金日成とは別人である事実を読み取れる[33]。

この朝鮮労働党連合中央委員会の結成は、ソウルの米国大使館でも1949年11月には察知しており、同年6月29日に合党して党首を金日成、副委員長を朴憲永とし、主任（Chief）に許ガイ、書記に金三龍と李承燁、そして許憲と金枓奉が政治委員に加わったと報告していた[34]。面白いことに後日、米中央情報局（CIA）は「1950年7月初め」に合党したと記録している[35]。確かに米国の諜報活動に驚嘆すべき精度があるのは事実だが、北労党の結成に際しても党中央委員会委員長を金枓奉と金日成の両頭体制（the co-chairmen of the Party are KIM, Il Sung and KIM, Doo Bong）と把握していたように[36]、さすがに北朝鮮政権の中枢部における動きを正確に調べ出すことはできなかった。おそらく当時の米防諜部隊（CIC：Counter Intelligence Corps）も、金日成を全面に押し出すソ連軍の政治宣伝に惑わされていたのであろう。これに比べると、中国は北朝鮮との間で、特に延安派を通じて太い情報交換のパイプを持っていたから、より正確にその中枢部の動きを把握できたものと考えられる。

こうして朝鮮労働党連合中央委員会の結成により、金日成は1949年6月時点では党の核心である政治委員会で単に政治委員のひとりとなり、北朝鮮政権の権力構造の中にあって政局運営の実権を喪失した。それは、南朝鮮地域へ朝鮮人民軍を投入するという金日成の戦術が同党の最高決定権を持つ政治委員会でも受け入れられなかったという証拠でもあった。従来は南北朝鮮労働党の合党により南労党が北労党に吸収合併されたというのが通説だったが、それは開戦後に偽造された歴史記録によるものだったのである。

実際に朝鮮労働党は、一方で祖国戦線の「平和的統一方策」により全面内戦の戦術を封じ込めつつ、他方で武装パルチザン闘争の展開戦術と党細胞扶植による反政府活動の強化戦術という２つの戦術を併用する朝鮮統一戦略を通じて、韓国政府を打倒しようとしていた。そこで次節では、この朝鮮労働党の２つの戦術が具体的にどのように実現されていたのかを朝鮮新進党を事例として概観してみよう。

第３節　朝鮮労働党の２つの戦術――朝鮮新進党を事例として

朝鮮労働党の２つの戦術は、金日成らの戦術が部分的に支持を得る中にあっては、未だ確定的な朝鮮統一戦略として受け入れられてはいなかった。すなわち、先に述べた祖国戦線の「宣言書」採択と前後する６月26日、金日成は「労働党中央委員会の会議」で「平和的統一方策」について提案を行ったが、それは「誰も考え得なかった意外なことであり、一部の中央委員たちはこれにより茫然自失と懐疑に陥」る結果を招いた。そして同日夕方には「各主要政党・社会団体の指導者たちの会合」が開催され、ここでも金日成の提案は「労働党中央委員会の会議で見られた反応とほとんど同一の反応を起こした」と観察された[37]。ここからは当時、少なからぬ北朝鮮の指導者たちが南朝鮮地域へ朝鮮人民軍を投入することにより朝鮮統一を成し遂げようと考えていた内部事情がうかがえるが、一般民衆からは「平和的統一方策」を歓迎する声が高かったとロシア資料は伝える[38]。

そこで、祖国戦線の結成後まもなく下された朝鮮労働党中央組織委員会決定ではこの内部事情を反映し、「一部の党幹部たち」が「平和的統一方策」の「宣言書」を「真正な平和的統一を目的としたものではなく、ひとつの戦術上の対策であるかのように認識して」いる「正しくない部分的事実」があると批判した[39]。北朝鮮政府の首相として朝鮮統一政策の最高責任者の立場にあった金日成は、中ソの対外認識を受けて「平和的統一方策」を自ら提唱せざるを得なかった。こうして彼がその方策に拘束されたことは、後述するように開戦工作を朝鮮労働党で正式に採択された戦術とは全く別個に再開せねばならなかったところによく表れている。

反対に朝鮮統一を目指す活動における朴憲永の役割は、祖国戦線と党連合中央委員会の結成以後は次第に大きくなっていたことが分かる。この事情を示す一例として、本節では朝鮮新進党の活動を見てみよう。同党はもともと民族主義中道政党として1946年9月に発足したが、米ソ両軍の進駐した朝鮮半島で他の多くの政党や社会団体がそうであったように、東西冷戦の激化に伴い当初の立場を親ソ反米路線へと変化させていった。

1946年12月8日に朝鮮新進党は「進歩的人士たち」が「革新委員会」を組織し、「南朝鮮の反動勢力や米帝国主義者たちと闘争」するようになった。当時は既に親米反ソの立場である民族主義右派勢力と親ソ反米の立場に傾く同左派勢力とが真っ向から対立するようになっており、朝鮮新進党もこの対立の中で後者の立場を選択したのである。

翌1947年8月に朝鮮新進党では第3次中央委員会を開き、「党内の機会主義右翼動揺分子たちを一掃し、進歩的人士たちで中央執行委員会を強固に構成した」。そして、同党は次第に「祖国統一運動に不断の闘争をし（中略）抗米闘争を行」うようになった(40)。

かかる闘争上の功績を認定されてか、北朝鮮政府には李鏞が都市経営相として入閣した。日時が不明ながら李鏞は、南北分断体制の樹立過程で同党中央委員会委員長に就任した。こうして朝鮮新進党は南朝鮮地域に党本部を置きながらも、事実上は北朝鮮地域からその活動を指導し、こののち合法、非合法の両面で南北朝鮮の統一と独立を目標に活動を展開する中、南北分断体制の樹立を経て祖国戦線に参画することになった。

同党の幹部会議録である「在平新進党幹部会議」【以下「幹部会議」と略記】によると、1948年10月に平壌で開催された「在平南北諸政党代表者大会」に出席した李鏞が次の提起を行った。「一、人民委員会の復活問題と同時に、南朝鮮の各地方責任者を任命すること、二、宣伝事業の拡張、三、ソ連軍撤退以後のパルチザン部隊派遣に総指揮部設置。」(41)前述のように、これは朝鮮労働党連合中央委員会内で「秘書」の創設として結実した。

そして祖国戦線の結成大会に先立つ2日前、朝鮮新進党は第5次幹部会議を開き、委員長が情勢報告を行った後、祖国戦線を「全幅的に支持し、結成大会に代表を派遣」することを決めた。祖国戦線の緒成大会には李鏞が初日に「主席団」のひとりとして選出され、代表資格審査では南朝鮮地域にある政党として同党はその序列の7番目に党名を連ねると共に、李鏞が祖国戦線中央常務委員会委員に選出された[42]。祖国戦線の結成は、それと前後する活動において分水嶺をなすもので、朝鮮新進党も祖国戦線の傘下で従来よりもいっそう果敢な活動を展開するようになった。

祖国戦線の結成大会から1ヵ月も経たぬ1949年7月23日、朝鮮新進党では第6次幹部会議を開き、それ以前の活動とはかなり異なる活動方針を決定した。この幹部会議では、李鏞が次の注目すべき報告を行った。「数日前に開会された祖国統一民主主義戦線中央委員会で、許憲先生から南半部の未加入政党、社会団体についての方策に関する報告があった後、朴憲永先生は、南半部において実地の闘争は南労党だけが担当している状況を指摘し、右翼、中間政党では拱手傍観する態度しか見られないと指摘した」。この発言からは南労党の活動を誇張しようとする朴憲永の意図が感じられるが、朝鮮新進党ではこの指摘に従い、新たな活動方針を決定した。すなわち祖国戦線の「結成以後において（中略）今日は、越南し闘争する同志を決定する」こととした。

この決定を受けて当日の幹部会議では、出席者各人が南朝鮮地域へ潜伏して活動する決意表明を行った。決意表明はどれも紋切り型の内容だったものの、興味深いことには調査部長の李昌斌《イチャンビン》が党による半強制的な南朝鮮地域への派遣ではなく「自願的原則」すなわち志願制を終始一貫して主張した。ここから当時の朝鮮新進党では、少なくとも内部的にはかかる発言が許され、比較的に自由な意思形成がなされていたことが分かる。

決意表明を行った幹部たちの中、具体的には青年部長の李璡《イジン》を「先発隊」として派遣することになった(43)。朝鮮新進党の北緯38度線沿線での活動はこの後、組織部長の金嶺《キムヨン》なども加わり果敢に実行され、翌1950年2月の第10次幹部会議でその成果が報告された。これと関連して同党では、祖国戦線の活動の一環として南朝鮮地域での党細胞扶植活動に従事した。例えば、大邱《テグ》に看板を掲げていた「海陸商事」は、「新進党直属の事業部で、大邱の南労党《慶尚北》道党の事業と結び付いた事業」を行っており、北朝鮮地域の朝鮮新進党から人を派遣して工作を行っていた(44)。

1949年11月に朝鮮新進党は第7次幹部会議を開き、李璡が「祖国戦線の諸課業を現地（38度線）で進行した事業」の報告を行った。次に、金嶺が「党事業の総括的な報告」を行い、南朝鮮地域への出版物の発送が優先的な課題だとした上で、党の「課業」として祖国戦線に毎月、党の計画と報告を出すことになったと明かした。そして李鏞が「国内外の情勢下で我が党は徹頭徹尾、祖国統一民主主義戦線宣言書を高く推戴し、当面の諸課業を正確に推進させなければならない」と強調した。

この李鏞の話で注目されるのは、同月25日に祖国戦線中央委員会が開催された後、各政党の党首会議の場で朴憲永が「各中央党の中に政治路線から離脱した行動」がある旨を指摘したと報告されたことである(45)。「政治路線から離脱した行動」が具体的に何を意味するのかは定かでないが、朴憲永としては祖国戦線の主導権を堅持しようとしたのであろう。

明けて1950年1月、第8次幹部会議で祖国戦線に提出する「事業計画書」を審議した際、調査部長の李昌斌の提議で「祖国戦線から配布された出版物以外に我が党が独自に宣伝ビラ、壁新聞などを発刊、南送すること」が合意された。また、この幹部会議では「パルチザン救援事業」について協議し、金嶺が「この救援事業は多寡を問わず我々の至誠で行おう」と提案したのを受けて、会議出席者はもちろん欠席者からも金を集めることにした。こうして「党からは五千円とする」ことで合意されたように[46]、この「救援事業」は朝鮮新進党だけではなく北朝鮮の政党や社会団体などから募金したものと考えられる。

武装パルチザン闘争との連携を前提として北朝鮮の政党や社会団体から積極的に南朝鮮地域への浸透を図っていたことは、この幹部会議で金嶺らを「支援現地」へ派遣すること、さらに同年2月の第9次幹部会議でも別の党員2名を「パルチザンに入れようという意見がある」こと等から明白である[47]。ちなみに、一般住民向けに早くから南朝鮮地域での「人民抗争」を支援するための募金事業は行われていたことが分かっている[48]。

以上のような朝鮮新進党の活動は、李璡が作成して1950年2月20日付で李鏞に提出した「対南政治工作総括報告」によく示されている。活動成果を述べた後に李璡は、自己批判として次のように述べた。「将来は平和的な祖国統一のための闘争において（中略）いっそう新しい覚醒と警戒心を高め、パルチザンの精神を発揮し、少しずつでも成果をあげることを盟誓する。平和的な祖国統一のための闘争で南半部の遊撃隊同志たちと農民たちの闘争、蜂起に一体の精神をもって献身的に闘争することを強調しながら、対南政治工作において更に有能な同志たちを登用してくれることを提議する。」[49]

このように朝鮮新進党が韓国に対し行った活動は、その成果の如何にかかわらず、当時の南朝鮮地域で展開されていた武装パルチザン闘争や党細胞扶植活動と連携していた。その活動から読み取れるのは、北朝鮮政府とは一線を画す政治組織として、祖国戦線が朝鮮統一に関わる活動を排他的に指導するようになった様子である。我々は、金日成を首班とする北朝鮮政府と朴憲永が指導する祖国戦線という一種の二重権力状態に近い関係を想定しても良いかも知れない[50]。次章では、朝鮮統一を目指す活動において朴憲永の主導権が次第に強まっていく事態を受けて、金日成が開戦工作を執拗に繰り返した経緯を検証したい。

註

(1)　高峻石『南朝鮮労働党史』東京、勁草書房、1978年、77頁。

(2)　この著者不明の資料には全体のタイトルがないので、記述部分の第2章につけられた小題目を掲げる。“2. Полтические партии и обществнные организации Северной Кореи”, стр. 96.『金局厚文書』所収。

(3)　Щинкин, *СЛРАВКА ДОКЛОД*, стр.2-3.『金局厚文書』所収。

(4)　前掲“2. Полтические партии”, стр.104.『金局厚文書』所収。

(5)　“The Secretary of State to the Secretary of War (Patterson)” (1 April 1946), *FRUS*, 1946, Vol. Ⅷ, p.656.

(6)　高峻石『朝鮮1945〜1950　革命史への証言』東京、三一書房、1972年、122頁。高峻石は朴憲永に批判的な立場から書いているところから見て、この証言が作り話だとは考えにくい。なお、同書は事実誤認の箇所を訂正して1985年に社会評論社より新版として再刊された。

(7)　以下、特に注釈がない限り北労党大会に関する引用は、次の資料に

よる。「北朝鮮勞動黨創立大會會議録」、前掲『朝鮮勞動黨大會資料集』1、11-101頁。

(8) まず、呂運亨が1946年9月25〜27日に平壌を訪問、金日成やロマネンコと会談した。両人は呂運亨に朴憲永に従うよう勧めた模様で、金日成が「呂運亨も大衆を欺瞞した。彼は社会労働党中央委員会を組織した」と同年10月21日に憤慨したという。翌22日に今度は金料奉が白南雲と対談し、「なぜ左右合作に同調したのか、なぜ北朝鮮の指示を履行しないのか」と質している。そして、シトゥイコフ自身が姜進と対談し、「米帝国主義の走狗かどうかは確証できないが、貴方は米国人たちに非常に大きな助けを与えている」とまで叱責した。「1946年10月21日」ならびに「1946年10月22日」、『日記』27-29頁（韓国文）／218-220頁（ロシア文)。

(9) 決定書の採択を金料奉が自ら司会した意味は、金料奉と朴憲永の良好な関係を示している。「南朝鮮『社會勞動黨』에 關하여（北朝鮮勞動黨中央常務委員會第11次會議決定書、1946年11月16日)」、前掲『決定集1946. 9-1948. 3 北朝鮮勞動黨中央常務委員會』52-53頁。

(10) 「1948年8月30日」、『日記』169頁（韓国文）／397-398頁（ロシア文)。

(11) 北労党の中央委員会の人的構成については、「北朝鮮勞動黨中央指導機關」、前掲『朝鮮勞動黨大會資料集』1、85頁。北労党第2次全党大会の結果、同党政治委員会委員には金策と朴一禹が入り、7名体制となった。『解放後朝鮮』第3分册、平壌、朝鮮民主主義人民共和國保安幹部學校、1949年、94頁。

(12) シトゥイコフは「成功裏に、しかし困難な中で成就した合党事業に対し、朴憲永に祝賀を送ること」と書いている。「1946年12月2日」、『日記』43頁（韓国文）／238頁（ロシア文)。

(13) この民衆反乱については、カミングスの研究に詳しい。Cumings, *The Origins of the Korean War,* Ⅰ, Chap.10.

(14) 「1946年12月12日」、『日記』52頁（韓国文）／248頁（ロシア文)。

(15)　「1947年1月4日」、同上書、70頁（韓国文）／273頁（ロシア文）。

(16)　「1948年7月30日」、同上書、158-160頁（韓国文）／382-384頁（ロシア文）。

(17)　「1948年8月3日」、同上書、162-163頁（韓国文）／387頁（ロシア文）。この文章の解釈について、編訳者は金日成が朝鮮労働党中央委員会委員長に朴憲永を推薦し、同副委員長に自分を自己推薦したものとしている。シトゥイコフが金日成に提案した可能性も排除できないが、どちらにしても金日成が党委員長と考えられてはいないことが分かる。全鉉秀から筆者へのメール返信、2007年5月4日。

(18)　許가이「北朝鮮勞動黨中央委員會　第三次會議에서　陳述한　朝鮮民主主義人民共和國最高人民會議選擧總和와　黨團体들의　當面課業에　對한　報告」、『勤勞者』第10号(20)（平壌、1948年10月）、34-35頁、NA, RG 242, SA#2005, 1/34.

(19)　「黨中央組織委員會構成에　對하여（黨中央委員會第3次會議決定書、1948年9月25日）」、前掲『決定集　1946. 9-1951. 11　黨中央委員會』79頁。

(20)　例えば、朴憲永の腹心で南労党中央委員会委員だった李舟河は、その死亡記事に「我が党中央委員で組織委員である李舟河同志」とあるから、南労党の組織委員会委員だったことが分かる。「朝鮮勞動黨中央委員會의　報道（1950年8月4日）」、『勞動新聞』1950年8月5日。新聞資料のいくつかは、ソウル光化門郵便局内の「北韓資料センター」で調査、収集している。

(21)　拙論で特定した1949年6月25日から7月7日までの間で高峻石や李洪東は6月30日としているし、また後述する北朝鮮の資料でも6月としている。連合中央委員会結成の日時まで偽造する必要は余り考えられないから、同日の主張が最も説得力がある。森善宣「朝鮮労働党の結成と金日成――朝鮮戦争の開戦工作との関連――」、『国際政治』第134号（東京、2003年11月）、142頁。「6・25内幕」3、『서울新聞』1995年5月19日。高峻石『南朝鮮労働党史』217頁。

⑵「シトゥイコフからスターリンへ（1949年9月15日）」、『謎の戦争』73頁。

㉓ 高峻石『南朝鮮労働党史』217頁。Dae-sook Suh, *Korean Communism 1945-1980 : A Reference Guide to the Political System*（Honolulu : The University Press of Hawaii, 1982), pp. 321-322.

㉔ トゥンキン臨時代理大使の電文による。「トゥンキンからスターリンへ（1949年9月14日）」、『謎の戦争』67頁。彼の自殺を糾弾する党文献にも同様な記述がある。「朴憲永의　庇護下에서　李承燁徒黨들이　敢行한　反黨的　反國家的　犯罪的　行爲와　許가이의　自殺事件에　關하여（全員會議第6次會議決定書、1953年8月5日-9日）」、『決定集（1953年度、全員會議、政治、組織、常務委員會）』平壌、朝鮮勞動黨中央委員會、1954年、39-40頁。許ガイの党副委員長就任の事実確認は次による。和田『全史』58頁。

㉕「美帝國主義雇傭間諜　朴憲永　李承燁　徒黨의　朝鮮民主主義人民共和國政權顚覆陰謀와　間諜事件　公判文獻」、金南植編『「南勞黨」研究資料集』第2輯、서울、高麗大學校亜細亜問題研究所、1974年、402頁。

㉖ 金三龍の逮捕と処刑に関する記事による。前掲「朝鮮勞動黨中央委員會의　報道」、『勞動新聞』1950年8月5日。和田『全史』58頁。

㉗ Suh, *op. cit.*, 321-322. 徐大粛は、同著でその主張の根拠を示していない。筆者からの問い合わせに「1949年、労働新聞で探し出したものだと思う」とだけ述べている。徐大粛から筆者宛の返信、2000年3月6日付。なお、彼ら全員が政治委員だったと確認できる。前掲の拙論を参照されたい。森善宣「朝鮮労働党の結成と金日成」、『国際政治』第134号、150頁。

㉘ 朝鮮勞動黨中央委員會宣傳煽動部『金日成将軍의　略傳』平壌、1952年、53頁、NA, RG 242, SA#2013, 1/26. 同様な記事は同年11月に出版された次の資料にも発見できる。『朝鮮中央年鑑（1951-1952）』平壌、朝鮮中央通信社、1952年、479頁。

(29)　金鋼へのインタヴュー、太原、2004年9月25日。

(30)　人民志願軍人の手帳には特別なタイトルなどはない。「各國共産黨概況」、NA Ⅱ, RG242, Entry#300C, Box.117, Item.203756.

(31)　林隠『金日成王朝成立秘史——金日成正伝——』東京、自由社、1982年、183頁。

(32)　前掲拙論「朝鮮労働党の結成と金日成」、『国際政治』第134号、143-144頁。

(33)　例えば、1950年8月31日付の金日成からスターリン宛の電文を参照されたい。「金日成からスターリンへ（1950年8月31日）」、『謎の戦争』129-130頁。後述するように、この時期には少なくとも新聞紙上では金日成に「朝鮮労働党委員長」の肩書きを付けていたが、この電文の「依頼」から見て党政治委員会では未だ金日成の党中央委員会委員長への就任が承認されていなかった可能性がある。

(34)　American Embassy, "Reported Merger of South Korea and North Korea Labor Parties", Seoul, Korea, 19 November 1949, NA Ⅱ, RG59 : Records of the US Department of State Relating to the Internal Affairs of Korea 1945-1949, LM 80, Decimal File 895, Reel 4, No. 737.

(35)　"Formation of the Korean Labor Party and Participation therein by Members of the South Korean Labor Party", NA Ⅱ, CIA File, CIA-RDP82-00457R006300460001-5.

(36)　Office of the Assistant Chief of Staff, G-2, United States Army Forces in Korea, "North Korea Today : The Results of Two Years of Soviets Occupation", p. 5、前掲『韓國分断史資料集』Ⅲ-3、396頁。

(37)　「什特科夫關於朝鮮祖國統一民主陣線成立状況致維辛斯基電（1949年6月28日）」、沈志華『朝鮮戦争：俄國檔案館的解密文件』1、台北、中央研究院近代史研究所、2003年、210-211頁。この資料は、ロシア資料を台湾で刊行したもので、『謎の戦争』に遺漏している資料をほぼ正確に掲載しているため、ここから引用することにした。

(38)　「蘇聯駐朝大使館關於朝鮮政治情緒的調査報告（1949年7月24

日)」、同上書、216-225頁。

(39)「平壌市黨團體의　祖國의　平和的統一方策에　對한　解釈　宣傳事業　執行情形에　關하여（朝鮮勞動黨中央組織委員會第3次會議決定書、1949年7月21日)」、『決定集　1949. 7-1951. 12　黨中央組織委員會』平壌、朝鮮勞動黨中央委員會、1951年、8頁。

(40)『新進黨（一九四六年九月十五日結成、代表者　李鏞)』2-3頁、NA, RG242, SA#2009, 9/8. これは朝鮮新進党の紹介記事で、李鏞が著者と思われる。なお、朝鮮新進党については拙論を参照されたい。森善宣「朝鮮新進党の研究——祖国統一民主主義戦線の活動と役割——」、『富山国際大学紀要』Vol. 9（富山、1993年3月)、11-22頁。

(41)「第1次幹部會議（1949年1月9日)」、『在平新進党幹部会議』所収、NA, RG242, SA#2009, 9/5. この会議録には頁数がないので、以降は各幹部会議ごとに開催年月日を示す。【以下『会議録』と略記】

(42)「祖國統一民主主義戰線議長團・中央委員　및　中央常務委員」ならびに「祖國統一民主主義戰線結成大會代表資格審査委員會報告」、前掲『史料集』Ⅵ、221-222、290頁。

(43)「第6次幹部會議（1949年7月23日)」、『会議録』所収。

(44) 新進党中央委員會委員長・李鏞「信任状（1949年8月17日)」、NA, RG242, SA#2009, 9/9.

(45)「第7次幹部會議（1949年11月27日)」、『会議録』所収。

(46)「第8次幹部會議（1950年1月21日)」、『会議録』所収。

(47)「第9次幹部會議（1950年2月6日)」、『会議録』所収。

(48) 例えば、「南朝鮮人民抗爭支援金品地區別總集計表（牡丹江地區支援會、一九四七年四月二一日)」によると「戸数11,319、人員62,871、現金1,745,054、米62,875、慰問文32,507、手拭い2,774、麻布94、その他123」と記してある（単位不詳)。NA, RG242, SA#2006, 1/36.

(49) 李璡「對南政治工作總括報告（新進黨中央委員會委員長・李鏞宛、1950年2月20日)」、NA, RG242, SA# 2009, 9/10.

(50)「成始伯線」に代表される所謂「権威ある線」を通じ、金日成が地下工作活動を南朝鮮地域で展開させたとする証言には、このような二重権力状態を強力に示唆するものがある。高峻石『朝鮮 1945〜1950 革命史への証言』175-178 頁。

第5章

国際情勢の変化から開戦工作の成功へ

朝鮮統一を目指す活動において主導権が朴憲永にある事実が明らかになるに伴い、金日成が危機感を抱いたことは想像に難くない。祖国統一民主主義戦線（祖国戦線）が主唱する「平和的統一方策」の前では、南朝鮮地域へ朝鮮人民軍を投入するのは不可能であり、韓国側からの攻撃を38度線で撃退できる程度であった。かくして、金日成による開戦工作が再開されることになった。

第1節　金日成による開戦工作の再開

祖国戦線の結成後から間もない1949年7月には、南朝鮮労働党（南労党）を通じて得た「スパイ情報」として「北側は八月か九月に必ず南進を開始する」と見た李承晩が「南側は北側より先んじて、七月には進攻を開始するべきだと表明した」と伝えられた(1)。金日成は7月の「進攻」に期待したであろうが、実際には韓国軍による大規模な北朝鮮攻撃は起こらなかった。また、ソ連本国政府からは「潜在的な敵を挑発しないよう」平壌のソ連大使に電文を送っていた(2)。

金日成が開戦工作を再開したのは、彼が祖国戦線の「平和的統一方策」に渋々ながらも賛同してから10日後の同年8月12日だった。彼としては祖国戦線ゆえに自分が手足を縛られたと感ぜざるを得なかったであろうし、朴憲永に一杯くわされたとさえ考え始めたかも知れない。ロシア資料によれば、金日成と朴憲永はシトゥイコフ大使と会い、次のように述べたという。「平和的な再統一に関して……ソウルは提案を拒否しているということである。したがって北側には、南側への進攻準備を開始する以外の選択はないのである。南進は、疑いもなく、南側における李承晩体制に反対する大規模蜂起を喚起するだろう。」[(3)]

この文面から分かるとおり、「南進」が「大規模蜂起を喚起する」という関連付けは、朴憲永が主張して自らの戦術を過大に宣伝するところから来た論法であった。シトゥイコフは、この論法に「攻撃が正当性を持ちうるとしたら、南側が最初に北側に対して攻撃した場合だけ」だと反論して、説得しようと試みた。彼は、同年３月のスターリンによる言明を盾に取り、攻撃そのものを許さなかった。ロシア資料では、この論拠に金日成は「異を唱えた」と書き記しているが、朴憲永から反論があった様子はない。しかも金日成は、シトゥイコフの「このような反応を予期していなかった。彼はむっとしているように見えた」というから[(4)]、開戦を主張したのは金日成だけで、朴憲永は金日成とシトゥイコフの面談内容を見聞しようとしていたに過ぎなかったのであろう。

だがシトゥイコフは、金日成に同情的であった。彼は同月27日、スターリンへ南進に反対する報告書を提出したが、その中でも「政治面からいえば、南進は、おそらく南朝鮮の多数の人々から支持されるだろう」と述べただけでなく、韓国の充分な反撃能力を認定しつつも「戦略的に重要な地域である甕津《ウンジン》半島を占領するという金日成の考えを支持した」のである[(5)]。おそらくシトゥイコフの態度を金日成は知っていて、９月３日にはシトゥイコフが帰国中に臨時代理大使のトゥンキン（G. I. Tunkin）に個人秘書の文日《ムニル》を送り、続けて次のように開戦工作を繰り広げた。

「金日成の依頼によって、文日が伝えたのは、南側が近く、三八度線よりも北側に広がる甕津半島の一部を占領する意図で、海州市のセメント工場を砲撃するという信頼できる情報を入手した」ことだった。ここから金日成は「甕津半島の占領および甕津半島から東側の南朝鮮領土を、およそ開城《ケソン》まで占領し、これによって防衛線を短縮することを計画している。文日が述べたところによれば、国際的状況が容認する場合には、さらに南へ進攻したいと金日成が考えているということである。金日成は、南朝鮮を二週間、最長でも二ヵ月で占領できる状況にあるという自信を持っている。」[6]

このような「情報」が本物だったかどうかは疑わしい。トゥンキンは、北朝鮮側がその「命令を押収した」と述べているが、同時に「命令の中で述べられていた期間は過ぎたものの、目下のところ砲撃はまだ行われていない」とも記している[7]。ともあれ、金日成としては南朝鮮地域へ朝鮮人民軍を投入して可能な限り早期に開戦したいと考えており、その作戦にソ連が同意してほしいと要求していたのである。

この開戦工作はスターリンへ伝えられ、彼はトゥンキンに「金日成とできるだけ早く会って」必要な情報を収集して報告するよう指示した。留意すべき点は、この時にトゥンキンが金日成だけでなく朴憲永とも一緒に面談している事実である。それは、スターリンが収集するよう指示した情報の中に、韓国軍の評価や武装パルチザン闘争の状態など朴憲永にしか答えられない南朝鮮地域の情勢判断に関する事項が入っていたからであろう[8]。

この点において金日成は、開戦工作を主導したくとも朴憲永と一緒でなければ行動できない立場だったことが明白である。ここから、ロシア資料では金日成と朴憲永が一緒に開戦を望むかのように記述されているが、後述する朴憲永の答えからは金日成だけが開戦を急いでいた様子が明白に分かる。

同年9月12日と13日の両日、トゥンキンは金日成と朴憲永に会い、聞き取りを行って「問題の核心」を報告した(9)。この報告の中で開戦工作との関連で重要なのは、次の諸点である。

まず「一般的に、金日成は、南朝鮮軍の戦闘能力を低いとみなしていて、それは、三八度線近辺で起こった小競り合いを通じて確信したという」。次に「最近、パルチザン活動は、いくらか強化されてきた。金日成は、パルチザン活動から多大な支援を期待することは禁物だと考えている」。ここから明瞭なように金日成は元来、武装パルチザン闘争を評価してはいなかったが、韓国軍が弱いから自らの戦術で朝鮮統一を達成できると考えていた。

これに対して「朴憲永のような南側の人間は、別の意見に固執している。このような支援は、かなりのものになるだろうと考えている」。トゥンキンは二人の意見を聞いて「軍事行動が開始された場合でも、パルチザンが成功することはおそらくないだろう」と実際の結果を正しく予測していた。

第三に「北側が内戦を開始するという事実を、世論と人民がどのように判断するかの問題」において、金日成は12日と13日で言を左右する動揺を示した。12日に「彼がはっきりと表明したのは、もし北側が最初に軍事行動を開始した場合、それが人民の間で否定的な印象を生じさせ、政治的な観点からしても、不利になるということ」だった。ところが「許ガイの明らかな影響のもと、九月十三日の会談で、金日成が最初に表明したのは、人民は北側の軍事的示威行動を歓迎するであろうこと、そして、もし最初に軍事行動を行えば政治的にも敗北することはない、ということ」だと言を翻した。「金日成らが考えているのは、内戦が勃発した場合には、南朝鮮人民は、北朝鮮軍に同情的に接し、彼らが南朝鮮に進駐する時には、支援を与えてくれるだろうということ」だとトゥンキンは理解した。

ここに我々は、同じ民族の間で内戦を起こす側がそれを被った側から「否定的な印象」を抱かれ、政治的にも「不利」になるだろうという金日成の当初の考えが急変したことを看取できる。その理由をトゥンキンは、この席で通訳をしていた関係からか「許ガイの明らかな影響」と考えたようだが、その真偽は分からない。

問題は、金日成本人が開戦に有利になるよう前言を翻した点であり、黒を白と言いくるめてまで同族が相殺し合う内戦に執着する強い動機がどこから来るのかにある。朝鮮民族主義の発露としては捉えられない部分であり、そこからは「南進」が「大規模蜂起を喚起する」という主張も当然、開戦のための方便だったと考える他はなかろう。けだし、武装パルチザン闘争にさえ期待できないのに、もっと実行し難い大規模蜂起が喚起されるだろうなどとは、通常だれも思わないからである。

第四に、内戦の発生時に「金日成と朴憲永の意見によれば、アメリカ人たちは、南側を支援するために日本人と中国人を派遣することができ、海上および空からの支援を自らの方法で行い、アメリカ人の軍事教官たちは、遠慮なく作戦行動の組織化に参画するだろう」とされた。それにもかかわらず、金日成は

「甕津半島での作戦が内戦に転化する可能性があると認めたが、彼の意見によれば、南側は他の三八度線地域に進攻するほど大胆ではないので、おそらくこれは起こらないだろう」と述べた。なぜならば「南朝鮮軍は、この攻撃を受けた後、おそらく戦意喪失の状況に置かれるだろう」からであった。つまり、金日成の見解では米国が大した介入はしないから、一方的に北朝鮮軍が南朝鮮地域で進軍を続けるわけである。

この見解に対してトゥンキンは「アメリカ人は、おそらく中国でした以上に朝鮮問題に断固として介入してくるであろうし、李承晩を保護するために、すべての力を注ぐであろうことは十分に考えられる」と述べて「金日成が思いついた局地的作戦を行うことは適切ではないと思う」と報告していた。

このトゥンキン報告に追加する形でシトゥイコフは、スターリンに「南北朝鮮の政治・経済状況の特徴について」と題する報告を送り、次のように述べた。「金日成および朴憲永が考えているのは、現況下では、平和的手段による国家統一問題の解決は不可能だということだ。（中略）金日成と朴憲永は、状況を考慮しながら、明らかに国家統一が長引くことに責任を負いたくないと考えている。（中略）私は、金日成が南進を希望しており、ソ連や中国共産党からの支援をあてにしているということがありうると考えている。朝鮮人は国民党軍との戦闘に参加していたので、したがって、中国人は朝鮮人を助けなければならないと、金日成が考えているのは明らかである」。そして彼は、こう結論付けた。「可能性があり、なおかつ適切と私が考えるのは、われわれの友人が、南朝鮮におけるパルチザン活動にありとあらゆる支援と指導を与え発展させていくことである。」[10]

これらの報告を受けて、ソ連共産党中央委員会政治局は、同年9月24日に朝鮮問題について審議し、金日成の戦術を拒否して次のように決定した。「現時点で、朝鮮統一に向けた闘争の課題は、第一に、パルチザン闘争の展開、解放区の設置、反動体制の転覆、および全朝鮮の統一という課題を成功裏に解決させるという目的を持って、南朝鮮において全人民的規模の武装蜂起を準備することに最大限の力を集中することである。第二には、朝鮮人民軍のよりいっそうの全面的強化に集中することである。」[11]

シトゥイコフは、この決定を同年10月4日に金日成と朴憲永に伝達した。この時に二人の反応は非常に異なっており、金日成が「わかった（Хорошо）」とだけ言ったのに対し「朴憲永はさらにはっきりと、それは正しく、南朝鮮においてパルチザン活動の大規模な展開が必要であると表明した」[12]。この両者の答えを比べると、朝鮮統一の戦術として各人が何をより重要視していたかは明白である。ここから朝鮮戦争の開戦を主導したのは、間違いなく後者ではなく前者だと判断してよかろう。

朴憲永は表立っては金日成の戦術に反対しなかったものの、南労党の実質的な最高指導者として武装パルチザン闘争の推進戦術を追求していた。逆に金日成は南労党の活動を評価しなかった分、朝鮮人民軍による朝鮮統一を望んだのである。もちろん、南朝鮮地域への朝鮮人民軍の投入戦術により朝鮮統一が達成された場合、金日成は政府レベルだけでなく党レベルでも政治的な主導権を掌握して、朝鮮半島全域に及ぶ自らの統治権に正当性を与えることになるはずだった。

そのためには、何よりもスターリンからの開戦の同意が金日成には必要だった。だが、スターリンの同意が得られるには、中ソ関係の改善が先行せねばならなかったのである。中ソの和解は、金日成にとって待ちに待った開戦の好機到来を意味した。

第2節　中ソの和解と武力解放路線の台頭

金日成が再度の開戦工作に失敗したこの時期の資料では「今日、南朝鮮人民の武装遊撃闘争は、単に仇敵どもに威嚇と打撃を与える程度のものではなく、実に李承晩売国『政権』を根こそぎ揺るがす強大な力量となった」とまで誇張されていた[13]。そして、祖国戦線はこの後も北緯38度線沿線の武力衝突を調査し報告する際、内戦勃発時に米軍が介入する危険性を警告して、南朝鮮地域へ武力侵攻を試みる金日成らの立場を掘り崩した。例えば、シトゥイコフからソ連共産党中央委員会政治局決定が伝達された4日後の8日に開催された祖国戦線第5次常務委員会では、北緯38度線沿線の「衝突と暴行」は「国内戦争を挑発しようという目的」だとし、その「背後には朝鮮内政に破廉恥にも露骨に継続して干渉している米帝国主義者たちが立っている」と報告されていた[14]。

こうして1949年12月15日に開かれた朝鮮労働党中央委員会第2次会議で金日成は「国際反動陣営のこの新たな戦争挑発陰謀とその実践の間には、距離が大変あります」と述べながら「平和擁護運動の一層の拡大・強化」を強調した。そして、スターリンの言葉を引用して「ソ連は誰をも攻撃することを固辞し、威嚇しようともしない」と述べた(15)。これに比して朴憲永は、同月17日の同会議で「武装遊撃部隊に対する愛情と援助を最大限に与える崇高な愛国思想で人民たちを教育し、愛国的人民がこれに参加する中、我が党員たちをパルチザン闘争に積極的に参加させることにより、またパルチザンと人民大衆との関係をいっそう緊密にすることで、これを強化、発展させる責任と義務がある」とその戦術を強調した(16)。金日成と朴憲永、全面内戦か武装パルチザン闘争かの戦術の選択という次元で、二人の立場に明白な優劣が生じたと考えてよい会議であった。金日成にすれば、歯噛みをしたい心境だったであろう。

この会議で特記すべきは、本来は報告者の中に金日成が含まれていなかったことである。すなわち金日成が行った報告を朴憲永が、朴憲永の行った報告は李承燁が行うことになっていた(17)。金日成がこの会議での発言を取り付けたのは、ソ連派と協力した南労党系の指導者が党中央委員会政治委員会で優位を占める中で自己の政治的な威信の低下を防ぐためだったのではなかろうか。李鍾奭《イジョンソク》が指摘したように「南北労働党の合党以後、金日成は自身のヘゲモニーが貫徹される内閣や軍部とは対照的に、党内では競争者たちに取り巻かれていた。要するに、党内では金日成の位相が弱化し、代わりにソ連系朝鮮人たちと朴憲永の南労党系列が浮上する新しい秩序」の中に金日成は置かれていたのである(18)。

同月18日に採択された朝鮮労働党中央委員会の決定書では、その筆頭に「政見の差異、政党や職業の別、宗教的信仰の差異を問わず、朝鮮に対する米帝国主義者たちの内政干渉に反対して平和的祖国統一を願う全愛国的政党・社会団体、愛国的人士、社会活動家、科学者、文化人、宗教家およびその他の人士たちを広範に祖国統一民主主義戦線に積極的に引き入れる」と記し、党細胞扶植活動という朝鮮労働党の戦術を明確にしていた[19]。確かにこの時期には南朝鮮地域の武装パルチザン闘争は韓国当局によりほぼ鎮圧されていたが、北朝鮮地域ではその「戦果」が過大に宣伝されることにより党内で金日成派に対抗する朴憲永派の浮上を支えていたのである。

ここで1949年末までのソ連、金日成、朴憲永、そして北朝鮮の世論の動向を整理してみよう。開戦工作が秘密裏に行なわれたことから、各主体の動向を表と裏に分け、朝鮮統一を目指す活動を示すと、次頁の〈図表５〉のようになる。この図表から分かるように、金日成の戦術は1949年末までは完全に封じ込められていた。

ところが、中国内戦の帰趨と形態は、金日成の戦術に活路を与えることになった。北朝鮮内では中国における国共内戦の展開を適宜に報道していたが[20]、それも1949年10月に中華人民共和国の樹立が宣言されると事実上は決着した。おそらく同年12月に蒋介石が台湾に逃亡する報道に接して金日成は、次は李承晩の番だと考えたはずだ。

新中国の建国と前後して、中国首脳部は対ソ関係の改善に乗り出した。まず、劉少奇が同年７月に訪ソしてスターリンと会談、この席でスターリンは東アジアにおける中国共産党の役割を認定したとされる[21]。そして、建国後の12月からは毛沢東が、続いて周恩来もモスクワを訪れ、中ソという共産主義国家の同盟関係を演出し、中国は所謂「向ソ一辺倒」の立場を明確にした[22]。この中ソ関係の改善の中で有名な「劉少奇テーゼ」

〈図表5　1949年末までの各主体の動向と朝鮮統一を目指す活動〉

	ソ　連	金日成	朴憲永	北朝鮮の世論
表	統一志向的なジェスチャー（自治の支援、米ソ両軍の同時撤退等）	北朝鮮政府の首班として朝鮮統一の最高責任者、平和統一に賛同	副首相兼外相として北朝鮮政府で第二人者、南労党の副委員長	米ソによる南北分断体制の樹立を甘受、祖国戦線の創設を歓迎
裏	朝鮮分断政策（勢力圏確保、人民的民主主義の実施、対米戦の回避）	ソ連の現地政策執行者、党連合中央委員会で政策執行の実権を喪失	党連合中央委員会副委員長として南労党や祖国戦線を実際に指導	分断から統一を展望し、南北分断体制を一時的な状態と看取
朝鮮統一を目指す活動	全面内戦に反対、武装パルチザン闘争の拡大戦術を支持、指令	パルチザン闘争を軽視、全面内戦の戦術により韓国政府打倒を工作	「平和的統一方策」で内戦封じ込め、パルチザン闘争と党細胞扶植	祖国戦線の活動を支援（パルチザン闘争や金品の支援等に協力）

の演説がなされ、コミンフォルムによる日本共産党への「批判」が繰り出されることになった。金日成らが中ソ関係の改善に伴う変化に刺激を受けたことは疑い得ない。

まず1949年11月16日に劉少奇は、世界労連アジア大洋州労組会議で演説して「中国人民を勝利させた道」、すなわち武力解放戦争を公式化し、それをアジア全域に広めよとする見解を披瀝した。この演説では「朝鮮人民は米帝国主義の傀儡李承晩に反対し、統一的な朝鮮人民の民主共和国の建立を要求して運動しており、この運動は阻止され得ないものである」と述べていた[23]。そして年明けの1950年1月6日、コミンフォルム機関誌『恒久平和と人民民主主義のために』には「日本情勢について」と題して、敗戦後から「愛される共産党」のスローガンの下で「平和革命路線」を堅持していた日本共産党に対する峻烈な批判論文が掲載された。これを受けて日本共産党は、金日成らによる開戦の先鞭をつけるかのように「極左冒険主義」の武力闘争に乗り出すことになる[24]。

この後の3月27日、朴憲永の論文が『恒久平和と人民民主主義のために』に掲載された[25]。朴憲永の論文は、より激烈に武装パルチザン闘争を展開すべしという趣旨であり、中ソが合意した武力解放路線に沿っていた。従来この論文をどう捉えるか論議があったが、全面内戦と武装パルチザン闘争との区別は、政治的には北緯38度線を国境と見なすかどうかではあっても、軍事的には武力の大小という量的な区別こそあれ質的な区別があったわけではない。もちろん、正規軍を動かす場合、他国への侵略とされる危険性を常に覚悟せねばならなかった。

これと関連して、金日成は早くから米軍の撤退により北緯38度線を国境と考える意味がなくなったと強弁していた。すなわち「三八度線は南側に米軍が駐留している間は何らかの意味を持っている（中略）。だが、米軍の撤退に伴って、三八度線という障害物は事実上取り除かれる。この線は、ソ連軍と米軍とのそれぞれの統制、および部隊配置地域を規定している。だが、現在では、彼らは朝鮮において何も統制していない。ならば、なぜこの線が保存され考慮されなければならないのか」と[26]。国際政治に疎かったと言えば体裁は良いが、要するに思慮が足りなかったのだった。

金日成は、中ソ関係の改善の中で武力解放路線が公式に是認される様子を注意深く見守っていた。1950年1月には中国人民解放軍内の朝鮮人部隊を北朝鮮へ引き渡す問題が持ち上がり、金日成はシトゥイコフに次のように伝えた。「⑴（前略）朝鮮人部隊から、朝鮮軍師団の定員に従って、中国において一個歩兵師団と二個歩兵連隊を組織し、残りの将兵と兵士はオートバイ連隊と機械化師団への補充にあてる。⑵金日成は、中国政府に対し、朝鮮国内での配置が困難であるため、一個（歩兵）師団と二個歩兵連隊を一九五〇年四月まで中国内にとどめておくように要請するつもりである。」[27]

和田春樹は、金日成がシトゥイコフに「どうすべきかと助言を求めた。これは金日成の一流のやり方である」とあたかも金日成がソ連の意向に従う形で自らの計画を実現しようとしたかのように書いている[28]。確かに金日成が全面内戦との関連で朝鮮人部隊を求めていたのは事実だが、助言を求めたのは次節で述べる3度目の開戦工作の前であり、彼がスターリンから開戦の同意を勝ち取れると踏んでいたかどうかは疑問である。朝鮮人部隊を4月まで中国内にとどめるよう要請したのは、おそらく寒冷な期間が長い朝鮮半島では仮に開戦するにしても5月以降だと思っていたからであろう。ともあれ、金日成が国共内戦の帰趨を受けて開戦工作に希望が出て来たと考えたことは、全く間違いない。

第3節　開戦工作の成功——金日成の開戦論理

金日成は1950年1月、国共内戦で中国共産党が勝利して後の中ソ関係の改善に便乗、もう一度シトゥイコフを通じて開戦工作を行い、その中で自己の権力喪失を救済するようスターリンに要求した。同月17日に朴憲永の自宅で開催された、駐中北朝鮮大使に任命された李周淵《イジュヨン》の歓送式を兼ねた中ソ関係者たちとの夕食会において、金日成は「興奮した状態のまま（中略）中国が自らの解放を完了したので、今度は南の朝鮮人民を解放する番であると話しはじめた」。

ロシア資料によると、金日成は「パルチザンは問題を解決しえない。南側の人民は、われわれが立派な軍隊を保有していることを知っている。私が近頃、たいへん気をもみ眠らずに考えているのは、全国土の統一をどのように解決するかということである。もし、南側の人民の解放と国家統一が長引く場合、私は朝鮮人民からの信頼を失いかねない」と哀訴した。続けて彼は、前年3月のスターリンの言葉を想起させながら「李承晩の軍隊はこれまでに侵攻を開始していない」と述べた。シトゥイコフが見るところ「金日成が考えているのは、再び同志スターリンに会って、南朝鮮人民の解放のため人民軍を南進させる指示と許可を得たいということ」なのだった。

面白い点は、金日成がこの時に「自ら南進を開始しないのは、自分は共産主義者であり、同志スターリンに忠実な規律正しい人間であるからであり、自分にとってスターリンは法律であるからだと語った」との下りであろう。それにもかかわらず、金日成は「もし今、同志スターリンに会うことが不可能ならば、毛沢東がモスクワから帰り次第、毛と会うように努力する」と言って、スターリンと毛沢東を両天秤に掛けて開戦をめぐる論議にスターリンが乗ってくるよう画策した。「モスクワから帰った毛沢東は、すべての問題への指示を持っているだろうから」というのが訪中の口実であった。

シトゥイコフは、金日成が「この会話を決して偶然始めたというわけではなく、自らの気分を表現してこの問題に対するわれわれの態度に探りを入れる目的で、前もって十分に考え抜かれたもの」と看破しつつも、彼が「もしこの問題を提起するなら、スターリンに接見できるだろうと答えた」。金日成に同情的だったシトゥイコフとしては「進攻についての考えを常に胸にしまっているので、同志スターリンから南朝鮮情勢問題への助言を得たいという希望があるということ」だとソ連本国へ報告した(29)。

この報告に対してスターリンは、非常に肯定的な返事を寄越した。それは事実上、金日成の開戦に同意する答えであり、次のように読めた。「同志金日成の不満はわかるが、彼が実行を望んでいるような、南朝鮮に対するこのような大事業には、大がかりな準備が必要だということを理解しなければならない。（中略）もしも金日成がこの件に関して私との会談を望んでいるならば、私は金日成を迎え入れ、会談の準備を整える。以上すべてを金日成に報告し、私がこの件について金日成を支援する用意はできていると伝えてほしい」(30)。もちろん、1950年1月30日にシトゥイコフからこの返事を聞いた時、金日成は「大変満足して私の報告を受け入れた。金日成と会い、この件で援助を供与するということに対する貴下の同意は、金日成に特別強い感銘を与えた」という[31]。

こうして1950年3月30日から4月25日にかけて金日成、朴憲永、文日などの一行はモスクワと往来し、スターリンはじめ要人と会見した。金日成は、3回にわたるスターリンとの会見でほぼ次のような主張を展開したとされる。『ソウル新聞』から引用しよう[32]。

まず「スターリン同志は金日成に、国際環境と国内状況が全て朝鮮統一にいっそう積極的な行動を取れるよう変わったと強調した」。国際環境とは国共内戦での中国共産党の勝利と中ソ同盟の締結であり、「米国はアジアの共産勢力に対する挑戦を更にためらうであろう。米国から来る情報によれば、米国内でも他国に介入するまいという雰囲気が主潮をなしている。ソ連が原子爆弾を保有し、欧州における位相が強化されることにより、このような不介入の雰囲気はいっそう深化している」と彼は続けた。その上でスターリンは、第一に米国の介入如何、第二に「中国指導部がこれを承認した場合に限り解放作戦は開始され得る」点を確認しようとした。

これに対して金日成は「米国が介入しないだろうという見解を明らかにした。それは、北朝鮮の後ろにソ連・中国がいるからだけではなく、米国みずからが大規模戦争を行おうとはしないからだ」と述べた。そして、毛沢東が「いつも朝鮮全体を解放する我々の希望を支持した」し、「必要な場合、兵力を支援するという話を何度も述べた」とも明かした。しかし、金日成は「我々は自分の力で朝鮮統一を成し遂げます。我々はやり遂げることができると信じます」と強調した。

スターリンは、軍事的な準備を整えるよう指示した後、攻撃計画についても助言を与えた。それは「① 38度線近くの特定地域へ兵力集結、②北朝鮮当局が平和統一に関して継続して新しい提議を出すこと（中略）、③相手が平和提議を拒否した後、奇襲攻撃を加えること」であった。スターリンは、前述した金日成の甕津半島を占領するという計画に同意しつつ「北側の先制攻撃と南側の対応攻撃があった後、戦線を拡大する機会が生まれるだろう」とも述べていた。この攻撃計画については、両者の間で「1950年夏までに北朝鮮軍が完全な動員体制を揃え、北朝鮮軍の総参謀部がソ連《軍事》顧問団の支援を受け、具体的な南侵計画を樹立することで合意し」た。周知のように、実際には甕津半島の占領から戦線を拡大するのではなく一斉に全面南侵が起きたところから見て、攻撃計画に金日成の意向がより多く働いたものと考えられる。

ここで重要な点は、金日成が米軍の介入可能性を否定する理由を示す中で「攻撃は迅速に遂行され、3日もあれば勝利できる（中略）。また、南朝鮮内のパルチザン運動が強化され、大規模暴動が起こるであろう」と語った点である。当然に朴憲永が武装パルチザン闘争の威力や南労党の地下活動を強調したのだが、金日成はトゥンキンとの面談やシトゥイコフへの哀訴で吐露したとおり、それらを評価していなかったからこそ南朝鮮地域へ朝鮮人民軍を投入しようと考えていたのである。

ここから推定すると金日成は、全面内戦とは言えソウルを陥落させれば、事実上は北朝鮮が勝利すると安易に考えていたようだ。当時の朝鮮人民軍作戦局長だった兪成哲《ユソンチョル》の証言によると「ソ連の南侵案を土台に自分が起案、作成した南侵計画書の名称は『先制打撃計画』だった（中略）。ソウルを占領すれば戦争が終わるものと判断、攻撃目標をソウル占領と定めた」とされるところからも、この金日成の安易な考えを確認できる[33]。確かに米軍が介入しない条件の下であれば、ソウル占領後に南朝鮮全域を「解放」するのも単に時間の問題と考えられたであろう。

したがって、武装パルチザン闘争や大規模暴動の話をしたのは、スターリンから開戦の同意を取り付けるための方便だったと解釈できる。和田春樹や朴明林はこの点を読み違えており、金日成が開戦をスターリンに認めてもらうため、従来の主張とは明確に異なる考えを述べた経緯や理由を理解できない[34]。一方の金日成の立場から見ると、米国の不介入という条件の下で必ず勝利すると確信していたのだから、スターリンの同意さえ手に入れられるならば何でも利用しようというところだったのであろう。他方、朴憲永からすれば、現地の南朝鮮地域における南労党の壊滅状態を知っていたかどうかにかかわらず、誇張された武装パルチザン闘争や南労党の活動を今さら否定するわけにもいかず、従来にも増して地下に党員「20万名」などと文字どおり開戦の法螺を吹いたのである[35]。

シトゥイコフに「パルチザンは問題を解決しえない」と言ったのは金日成だったが、実際に武装パルチザン闘争の効用と限界を最もよく解っていたのは、それを指導した朴憲永その人だったと思われる。彼は、南朝鮮地域で活動中に米軍の実態を間近で見聞していたし、1946年の秋から巻き起こった民衆反乱で「大規模蜂起」が鎮圧される有様を目の当たりにしていた。開戦後、国連軍による仁川《インチョン》上陸作戦で朝鮮人民軍が総崩れになる中、中国の臨時代理大使だった柴成文が偶然に見聞したところによれば、金日成と「激烈な論争」をしていた朴憲永が部屋を出て行った後、金日成は「彼は山に入り、遊撃戦に打って出る決心など根本的に少しもないんです」と述べたという(36)。強大な米軍はじめ国連軍に遊撃戦で立ち向かおうという考え自体がゲリラあがりの金日成らしいところだが、朴憲永からすれば開戦前でさえ武装パルチザン闘争や民衆反乱が功を奏しなかったのに、国連軍が攻勢に転じた状況で何を今更という腹立たしい気持ちであったろう。

ともあれ、スターリンから条件付きながら開戦の同意を得た金日成と朴憲永は「中国指導部の承認」を得るために毛沢東と会談すべく訪中することになった。1950年5月13日に金日成と朴憲永は北京に赴き、同日夕方に毛沢東と会談した。毛沢東は慎重で、彼らからスターリンの開戦同意について聞いた後、モスクワへ直接その真偽を打診した。翌14日にスターリンからの返電があり、金日成と朴憲永の主張を確認した。それで毛沢東は、スターリンがモスクワで提案した開戦計画に沿って金日成らの試みようとする開戦を支持したのである。ただし毛沢東は翌15日、金日成が否定していた米軍の介入を鋭利に予見していた。朴憲永の報告に従えば、ここから毛沢東は、ソ連が38度線分割について米国と合意しているが「中国はそのような約束には縛られておらず、北側に支援を与えるのは簡単である」とまで語ったという(37)。

ここで重要なのは、2つの問題である。第一に開戦決定の主体は誰か、第二にはその主体が実際に開戦決定を下したのかという問題である。この問題を解く鍵は、金日成の掲げた開戦論理に求めることができる。金日成の開戦論理を解き明かせば、極めて単純な電撃戦による先制攻撃＝勝利論で、そこでは1949年3月に金日成がスターリンから示唆を受けたとおり、韓国側の攻撃に北朝鮮側が反撃するという攻守のカムフラージュが前提であった。そして、南労党の活動から支援も得られるし、南朝鮮地域の一般民衆も朝鮮人民軍を歓迎してくれるという、彼自身が一度ならずも否定していた論理をスターリンや毛沢東の説得に用いたのである。

そこで、まず開戦決定の主体については、確かに「最終的な攻撃許可を与えたのはスターリンの決定」とする和田春樹の主張は正しいが(38)、本書で辿ってきた金日成らによる開戦工作、とりわけ金日成がスターリンと毛沢東に米軍の介入はないと信じ込ませようとした経緯を充分に勘案していない嫌いがある。金日成の開戦論理では、ソ連や中国は北朝鮮を助ける立場ではあれ、主導的に戦争を導く勢力とは考えられていなかった。金日成は、共産主義国家の主従関係から中ソに開戦の許可を求めこそすれ、自らを開戦主体と自覚し、できるだけ中ソを利用しようとしていただけである。この開戦決定の主体を北朝鮮とする解釈は、金日成らによる度重なる開戦工作の実態を踏まえているし、のちのフルシチョフ（N. S. Khrushchev）の回想とも完全に一致する(39)。

次に、北朝鮮を開戦決定の主体と位置付ける場合、その開戦決定が北朝鮮政権の内部で本当に下されたかどうかという問題である。この関連で重要なのは、1月の会談承認後の電文指示でスターリンが「金日成が私と検討したいと願っている問題は、現時点では極秘にしておかねばならない、と同志金日成に説明されたい。しばらくは他の北朝鮮指導部メンバーにも、中国の同志たちにも知らせてはならない」と述べていた点だ[40]。また、毛沢東は1950年4月下旬か5月上旬頃に金日成との会談を受諾する返電を駐中北朝鮮大使の李周淵を通じて朴憲永へ送る中で「予定されている会談を朝鮮統一問題と関連させ、もし朝鮮統一の具体的計画があるならば会談は秘密裏に設定される必要があり、もしそうでないならば金日成との会見は公式に行われるべきだと指示し」ていた[41]。実際、開戦に関するこの会談は秘密裏に行われた。

この会談をめぐり、シトゥイコフは金日成の言葉を次のように伝えている。「金日成は、中国へは朴憲永を伴って行くが、この毛沢東との会見については中央委員会では審議せず、政治委員会委員の金策と話しただけだと述べた」[42]。ここで我々は、開戦の合議に携わった3人、すなわち金日成、朴憲永それに金策を特定できるが、それが内輪の合意であって開戦決定と言える組織的な意見一致ではなかったことが分かる。そして、中国から帰国した後の5月29日に金日成はシトゥイコフに対し、開戦日時に関連して「この問題を党の政治委員会の討論に未だ正式に提出していない」ものの「7月には暴風雨の天気となるのを考慮して（中略）6月中に軍事行動を開始したい」と述べていた[43]。

もちろん、中ソの対応、特に中国の意向が未だ判然としない時期に、両国の強い統制下にある北朝鮮で開戦日時を検討すること自体は無意味であろう。だが、毛沢東との会見後の5月終わりまでも朝鮮労働党中央委員会政治委員会で開戦日時が検討されていないという事実は、開戦が同委員会で検討されないまま決行された可能性が高く、北朝鮮政権の首脳部もその内容を充分に知らされていなかったことを強く推定させる。前述の開戦論理からしても、偽装された韓国軍の攻撃に対する反撃として行う内戦を同委員会で承認するということ自体、金日成らの陰謀を共同正犯として他の政治委員に押し付けるものと考えられたのかも知れない。

この党政治委員会における開戦決定について伝えているのは、元南労党員で朝鮮戦争後に越北した朴甲東である。彼は、停戦後まで北朝鮮に留まっていたが、金日成による粛清を逃れて中国へ亡命、そこで同様に亡命中の朝鮮労働党幹部から開戦決定の様子を伝え聞いたという。前述のように、その伝聞証言によると1950年4月頃に金日成が党政治委員会で開戦を提案し、ゴリ押し式に他の政治委員に飲ませたとされる。ただし、その場で民族保衛相の崔庸健が米軍の介入可能性を提起、これに李承燁が反論し、一悶着が起きたとされる(44)。

もちろん、党政治委員会の開催日時を1950年4月頃とするのは、前述した金日成の話と食い違う。また、崔庸健が米軍の介入可能性を提起したのであれば、当然その対応策について何らかの論議がなされたであろうから、後述するように開戦後、金枓奉が米軍との戦争について改めて憂慮したというのもおかしな話である。おそらく金日成らは、開戦の秘密を優先させるため他の政治委員には必要最小限度の情報を伝え、正式には組織的な審議に付すことはなかったものと推定できる。つまり、敵を騙すには先ず味方から、というわけであった。

こうして、金日成の開戦工作は最終的に成功して中ソから開戦の同意を引き出したが、この開戦決定の有様から見て、彼の戦術に北朝鮮政権内で、しかも最中枢と言うべき朝鮮労働党の首脳部においてさえも、依然として開戦に組織的な意見一致が形成されているとは言い難かった。次章では北朝鮮内部で進められた平和攻勢と開戦の決行、開戦後に起こった対米認識から来る戦争反対の主張、そして開戦後に達成された金日成による朝鮮労働党々首の職責簒奪の様子を検証していこう。

註

(1) 「シトゥイコフからヴィシンスキーへ（1949年7月13日）」、『謎の戦争』48頁。

(2) 「朝鮮に関する提案書（1949年8月2日）」、同上書、47頁。

(3) 金日成と朴憲永が連れ立ってシトゥイコフを訪問したため、彼はこの意見を両人のそれとして記述している。「シトゥイコフからモスクワへ（1949年8月12日）」、同上書、58-59頁。

(4) 同上電文、同上書、59-60頁。

(5) 「シトゥイコフからモスクワへ（1949年8月27日）」、同上書、61-62頁。

(6) 「トゥンキンからヴィシンスキーへ（1949年9月3日）」、同上書、62頁。

(7) 同上電文、同上書、63頁。

(8) 「グロムイコからトゥンキンへ（1949年9月11日）」、同上書、63-64頁。

(9) 以下この報告は、「トゥンキンからグロムイコへ（1949年9月14日）」、同上書、64-70頁、からの引用である。

(10) 「シトゥイコフからスターリンへ（1949年9月15日）」、同上書、77-79頁。

(11) 「ソ連共産党中央委員会政治局決定（1949年9月24日）」、同上書、80-81頁。

(12) 「シトゥイコフからスターリンへ（1949年10月4日）」、同上書、87

頁。引用文では「よろしい」と翻訳してあるが、本書ではロシア資料の原文から「わかった」と翻訳した。

(13)　閔丙義「講演資料를　為한」、『宣傳者』創刊号（平壌、1949年10月）、48頁、NA, RG242, SA#2006, 5/25.

(14)　「三・八沿線武装衝突調査結果에　關한　祖國統一民主主義戰線調査委員會報告書（一九四九・一〇・八、第五次常務委員會）」、前掲『史料集』Ⅵ、320-321頁。

(15)　金日成「數個國共産黨報道局會議總結에　關하여、一九四九年十二月十五日、勞動黨中央委員會에서　陳述한　金日成同志의　報告」、前掲『史料集』Ⅶ、서울、210-214頁。

(16)　朴憲永「黨員들의　思想政治教養事業强化와　黨團體들의　課業、一九四九年十二月十七日、勞動黨中央委員會에서　陳述한　朴憲永同志의　報告」、同上書、257頁。

(17)　「黨中央委員會　召集에　關하여（朝鮮勞動黨中央組織委員會第11次會議決定書、1949年11月28日）」、前掲『決定集　1949. 7-1951. 12　黨中央組織委員會』123頁。

(18)　李鍾奭『朝鮮勞動黨研究――指導思想과　構造變化를　中心으로――』서울、歴史批評社、1995年、212頁。

(19)　「數個國共産黨報道局第三次會議總結에　關하여（黨中央委員會第２次會議決定書、1949年12月18日）」、前掲『決定集1946. 9-1951. 11　黨中央委員會』105頁。

(20)　例えば、次のような資料を発見できる。「逃亡가는　四大家族은　어데로」、『旬刊通信』No.21（平壌、1949年5月中旬）、30-33頁。「中國人民政治協商會議의　歴史的意義」、同上書、No.37（平壌、1949年10月下旬）、11-13頁、NA, RG 242, SA#2005, 1/15.

(21)　石井明『中ソ関係史の研究1945-1950』東京、東京大学出版会、1990年、229-236頁。

(22)　同上書、247-267頁。和田春樹は「この数次の会談でアジア情勢と国連問題も議論されたことは疑いえない」と断じている。和田『全史』

93頁。

(23) 刘少奇「在亚洲澳洲工会会议上的开幕词（一九四九年十一月十六日）」、『建国以来刘少奇文稿』第1冊、北京、中央文献出版社、2005年、163-164頁。この演説は、1950年1月4日に『プラウダ』、同月27日にはコミンフォルム機関誌『恒久平和と人民民主主義のために』に掲載された。

(24) 『日本共産党の45年』東京、日本共産党中央委員会出版部、1967年、67-75頁。

(25) 朴憲永「祖国の統一と独立のための南朝鮮人民の英雄的闘争」、『プラウダ』1950年3月27日、神谷不二編、前掲書、292-301頁。

(26) 「シトゥイコフからモスクワへ（1949年8月12日）」、『謎の戦争』59頁。

(27) 「シトゥイコフからソ連外務省へ（1950年1月11日）」、同上書、106頁。

(28) 和田『全史』94頁。

(29) 「シトゥイコフからヴィシンスキーへ（1950年1月19日）」、『謎の戦争』87-90頁。

(30) 「スターリンからシトゥイコフへ（1950年1月30日）」、同上書、92頁。

(31) 「シトゥイコフからスターリンへ（1950年1月31日）」、同上書、93頁。

(32) 「6・25内幕」5、『서울新聞』1995年5月24日。トルクノフは関係者へのインタヴューを通じて会談内容を再構成している。『謎の戦争』97-99頁。

(33) 兪成哲「나의　證言」1、『韓國日報』1990年11月1日。

(34) 和田は「わずか三日で勝利できると語っている。それくらい南のパルチザンへの期待が大きかったのである」と金日成の意図を解釈している。また、朴明林は「南朝鮮人民の革命性の誇張認識と期待は、具体的な数値の差異と認識の細部事項の差異はあるかも知れないが、朴

憲永の認識であると同時に金日成の認識だった」と述べて、この大規模暴動の話を「自己欺瞞」だとまで断じている。和田『全史』111頁。朴明林『勃發과　起源』325-326頁。

(35)　トルクノフのインタヴュー内容、『謎の戦争』99頁。この時点で既に南労党の現地指導者である金三龍や李舟河が逮捕された事実は李承燁に伝えられていたし、同党が壊滅状態にあったことは実際に現地で活動していた高峻石らも認識していたところである。高峻石『南朝鮮労働党史』221-225頁。

(36)　柴成文・赵勇田『板門店谈判』北京、解放军出版社、1996年、74頁。

(37)　「スターリンとローシチンの往復電文（1950年5月13〜16日）」、『謎の戦争』110-113頁。

(38)　和田『全史』111頁。

(39)　Jerrold L. Schecter (trn and ed), *Khrushchev Remembers : The Glasnost Tapes* (Boston・Tronto・London : Little, Brown and Company, 1990), p. 144.

(40)　「スターリンからシトゥイコフへ（1950年2月2日）」、『謎の戦争』93頁。

(41)　「イグナチェフからヴィシンスキーへ（1950年4月10日）」、同上書、107頁。

(42)　「シトゥイコフからヴィシンスキーへ（1950年5月12日）」、同上書、109頁。

(43)　「什特科夫關於朝鮮進攻日期致維辛斯基轉史達林電（1950年5月30日）」、沈志華、前掲書、402-403頁。

(44)　林英樹『内から見た朝鮮戦争』東京、成甲書房、1978年、74-78頁。林英樹は朴甲東のペンネームである。彼の主張によると、崔庸健は開戦前には民族保衛相と朝鮮人民軍総司令官の職務を執行できなくなったという。この点は、朴明林の主張と奇妙な一致を見る箇所である。朴明林『勃發과　起源』287-296頁。

第６章

６月の雷撃

朝鮮労働党の朝鮮統一戦略を実践していたのは、同党副委員長で南朝鮮労働党（南労党）の最高指導者だった朴憲永であった。だが、中ソが開戦に同意して支持を表明したところから、朴憲永は武装パルチザン闘争はじめ南労党の活動を強調しつつも金日成の戦術に屈する他はなかった。平和攻勢が仕掛けられた後、開戦は決行されたが、開戦決定の有様から朝鮮労働党の首脳部内に米国との戦争を憂慮する意見が存在していた。

第1節　平和攻勢と開戦の決行

1950年1月にスターリンが金日成の戦術に事実上の同意を与えた後、北朝鮮では急速に戦争準備が推進された。朝鮮人部隊の召還をはじめ金日成が1949年から軍事的な準備に取り掛かったことは前述したとおりだが、1950年と前後して北朝鮮からはソ連に対する信用供与の「前倒し」を含めて軍備の大量な供与を要求する連絡が相次いだ(1)。

ここでは軍備拡充の詳細には立ち入らないものの、問題は軍事上の物理的な武器供与だけでなく、ソ連軍事顧問団が開戦以後の作戦計画を立案していた点である。この作戦計画には、開戦と前後する諜報作戦計画まで立案されており、南朝鮮の海岸地域に至るまで具体的な地名入りでその計画が作成されている(2)。ここから見て、少なくともソ連軍事顧問団の作成した作戦計画の原案では朝鮮半島全体を占領する内容だったものと思われる(3)。

一方、戦争準備に北朝鮮の軍部が全力を尽くしている間、金日成と朴憲永の間では平和攻勢に関する政治プログラムが合意された[4]。これに従い、1950年6月5日と同月7日に祖国統一民主主義戦線（祖国戦線）では「平和的祖国統一方策」やアピール等を決定して発表した。これより先、韓国当局が朴憲永の腹心で南労党の最高幹部だった李舟河と金三龍を同年3月27日に逮捕したのを受けて、祖国戦線からは同年5月24日に声明を出し、李承晩政権の迫害に抗議した。祖国戦線の名義で提案されたところに腹心の部下たちを救いたいという朴憲永の意向が読み取れる[5]。6月18日には平壌放送を通じて内務相の朴一禹の名義で、彼らを北朝鮮地域にいる曺晩植および彼の次男である然旭《ヨヌク》と交換しようと提案を行った[6]。そして、翌19日に「平和的祖国統一の推進に関して」という朝鮮最高人民会議「常任委員会決定書」を発表した。その決定書では、祖国戦線の「平和的祖国統一方策」を実践するよう再び具体的な日時と手続きを提案していた[7]。

そこで韓国側からは同月23日、26日午後2時に曺晩植父子を38度線以南1キロ地点で先に引き渡すよう提案したところ、北朝鮮側からは当日に同時交換しようと主張して韓国側の提案を拒絶した[8]。日を同じくして23日、金科奉が中央の新聞記者たちと会見して次のように語った。「李承晩売国逆徒どもは（中略）もうずっと前から所謂『北伐』を行うために戦争を準備していた。それだから、この売国逆徒どもが、彼らが騒ぎ立てる、そのような冒険的『北伐』を行うかも知れない。しかし『北伐』は容易なことではない。（中略）共和国北半部の人民は、自分たちが闘い取った民主主義の諸権利と自由と民主改革の諸成果を死守するため、李承晩逆徒どもに反対する闘争を猛烈に展開するし、共和国南半部の人民も共和国北半部に設定された民主制度を守護するため、またそれらを南半部にまで設定するため、李承晩逆徒どもに反対する闘争に総決起するであろう。」[9]

この金日成の開戦論理に沿った金枓奉の会見記事から明確なように、開戦と前後する事態の推移を考察すると、軍事的な秘密保持を理由に詳細な説明がなされなかったにしろ、少なくとも党政治委員会委員たちには開戦の計画が部分的なりとも通告されていたようである。逆に言えば、そこでは何ら公式で組織的な決定は下されず、ただ金日成からの通告だけが残ったのである。後述するように、金枓奉らが開戦後に米軍の介入を理由としてソ連の姿勢を問い質したことも、この開戦決定の有様からなら理解できる。

もちろん、この開戦の合議過程は北朝鮮政権の核心である朝鮮労働党中央委員会政治委員会での公式な決定とは言えまい。執権政党が政府や軍を動かす共産主義体制にあって、このような事態は極めて例外的と言うべきであり、謂わば公式で組織的な開戦決定のない異常な事態の中で朝鮮戦争は決行されたのである。では、なぜ1950年6月25日に開戦したのであろうか。

ロシア資料によるとシトゥイコフはモスクワに「六月二五日早朝に進攻を開始する」と伝えていたのに[10]、彼を通じて金日成が6月21日になって公式書簡をソ連本国へ伝えた。その電文内容は次のとおりである。「無線傍受および諜報情報によれば、南側は来るべき朝鮮人民軍による進攻に関して詳細な情報を握っている、と金日成は私に伝えた。（中略）このため金日成は当初の計画を変更し、全境界線に沿って今すぐ攻撃すると申し出た。」[11]

ところが「今すぐ攻撃する」と言いながら、金日成が攻撃日時として命令したのは、やはり1950年6月25日早朝であった。もちろん、そもそもシトゥイコフとの協議を通じて6月25日と開戦日を決定した理由が問題である。また、仮に韓国が北朝鮮からの全面南侵を察知していたという金日成からの情報が本物だったとすれば、6月25日を選択したのは他ならぬ金日成自身だったことになる。なぜならば、和田春樹が指摘しているように(12)、金日成がトゥンキンに打診した前述の甕津半島の占領作戦という選択肢もあったわけで、一斉攻撃を開始したのは明確に金日成の意向であり、そこで彼は開戦日として6月25日に固執したと見る他はなかろう。

しかも、戦争が容易に展開すると考えていたのであれば、より早い時期に開戦するのが状況からしてより良い選択だったことは疑いないから、金日成が6月21日以降の特定の日時である6月25日を選択した理由は、金日成の心中を推測する他は探し出せない。ここで我々は、開戦のちょうど1年前に祖国戦線が結成された事実を思い出す。金日成にとり祖国戦線の結成は、朝鮮統一を目指す活動の主導権を朴憲永に奪われた忌まわしい記憶だったはずである。彼が自らの戦術を封じ込められた日を意図的に選択したとすれば、6月25日は彼にとり勝利の始まりの日となるはずだったと説明できる。また、更に遡れば1947年に金策が来るべき「朝鮮臨時民主主義政府」の首班として金日成を推戴しようと宣伝し始めたのも、6月25日だった。

特に、開戦に先立つ過程で労働党の最高幹部たちと曺晩植父子との交換が提案された点を勘案すると、金日成は「平和攻勢」

と開戦の間で時間のなかった朴憲永はじめ南労党系列の共産主義勢力に自らの勝利を誇示しようとしたのかも知れない。なぜならば、北朝鮮側から韓国側へ要人の交換をもっと早く提案することもできたはずで、開戦日の決定と要人交換の問題とは何らかの関係があると推測できるからである。端的に言って、金日成と朴憲永との暗闘を考える時、開戦をカムフラージュする政治プログラムを予定どおり進行させるため、金日成から朴憲永に金三龍と李舟河の二人を見殺しにする圧力が加わった可能性がある。この問題は後日、金日成が朴憲永を所謂「米帝国主義のスパイ」として裁判にかけて処刑する党内粛清と緊密に関連しており、稿を改めて再論したい。

当時の朝鮮人共産主義者たちの間で朝鮮統一を達成すること以上に大きな政治的な業績はなかったし、万難を排しても実現すべき問題であった。もしもそれを達成したとすれば、彼は間違いなく朝鮮半島における政治的な全権力を掌握できるはずだった。金日成は、大いなる野望を抱いて開戦を決行、雨が降りしきる1950年6月25日の早朝、カムフラージュとして「夏期大演習」中だった朝鮮人民軍が北緯38度線を一斉に越えて「電撃戦（Blitzkrieg）」に突入した。前線で偵察にあたっていた韓国軍戦闘情報課所属の崔學模《チェハンモ》中尉の記憶では「百雷が一時に落ちるような一斉射撃が始まった」という[13]。

ところが実際には開戦後、祖国戦線が繰り返し警告した米国の「干渉」が現実になると共に、北朝鮮政権の首脳部から米国との戦争を憂慮する意見が出され、戦争は金日成らの思惑とは異なる展開を見せ始めた。元来この対米認識の問題は、祖国戦線を通じて朝鮮統一を目指す活動を統制し、自らの主導権を保持しようとしていた朴憲永にとっては、金日成の戦術を封じ込める理由付けであった。

第2節　党政治委員会内の戦争反対——対米認識の問題

前述のように祖国戦線は、一方で展開中だった武装パルチザン闘争と党細胞扶植活動により韓国政府を転覆することを狙いながら、他方で「平和的統一方策」を主唱して同族が殺し合う全面内戦を防ごうとした。それは、韓国側からする北朝鮮地域への武力侵攻を撃退するだけに止まらず、北朝鮮政府側から南朝鮮地域へ正規軍で攻め込み内戦を引き起こすことをも事実上は放棄させようとしたと考えられる。それは一種のプロパガンダではあったが、朝鮮労働党の２つの戦術と組み合わされた朝鮮統一戦略だった。

この「平和的統一方策」は、当時のソ連がコミンフォルムを通じて推進していた民主・平和陣営 vs. 反動・戦争陣営という東西冷戦を色分けするイデオロギー的な政治宣伝と軌を一にしていた。つまり、米国による軍事介入の危険性は、朴憲永派が朝鮮統一を実現するにあたり、自派の主導権を堅持する上で強調されるべき要因であった。実際に開戦を急ぐ金日成に水を注すかのように、彼が最後の開戦工作に打って出る前の1950年１月９日に開かれた祖国戦線第４次中央委員会において、朴憲永はパルチザンを「南朝鮮人民の解放軍」だと規定し、次のように述べた。「平和的祖国統一途上の障害物は三種類です。第一は米帝国主義者の侵略的干渉です。これが基本的障害物です。第二に米帝国主義侵略者の手先・李承晩売国徒党の南朝鮮支配です。第三に米国の侵略の道具である『国連朝鮮委員団』です。」[14]

論理的に考えると、北朝鮮から行う闘争の性格に従って打倒すべき対象は大きく変化する。すなわち、同一民族内の階級闘争の場合は李承晩政権と「親日派」に代表される民族ブルジョアジーや地主がその対象である。反対に所謂「民族解放運動」の場合は米帝国主義が主要な対象となり、李承晩政権は米国の傀儡という第二義的な位置付けになる[15]。上述の朴憲永の主張からすると「平和的祖国統一途上の障害物」の「第一は米帝国主義者の侵略的干渉」だと言っているのだから、打倒すべき対象が米国となり、したがって闘争は当然その「侵略的干渉」を前提として開戦時の米軍の介入可能性を強調することになるわけだ。

しかし前章で見たように、中ソに対して金日成が説得に用いた開戦論理では米国の不介入が前提となっていた。これまで北朝鮮がどこから開戦時に米国は介入しないという認識を引き出してきたのか判然としないままであり、中国内戦でそうだったから類推したのであろうという程度しか推測できなかった。朴明林の研究によると、米国務長官アチソン（Dean Achson）が1950年1月12日に行った所謂「プレス・クラブ演説」に接しても、少なくとも「表面的な反応」としては以前と何ら変わらない主張しか北朝鮮からはなかったという。朴明林は「内面的な関心」との差異に注意を向けているが、それを示す具体的な証拠は示していない[16]。

筆者の研究によると、開戦に向かう中にあって北朝鮮外務省では、1950年4月に米国が李承晩政権を見捨てたのではないかと見なすようになった証拠がある。米韓両国は同年1月26日に米韓相互防衛援助協定および在韓米軍事顧問団の設置に関する米韓協定を締結したものの、李承晩政権の無為無策により経済的にインフレーションが激しく、また政治的には同年5月30日に予定された総選挙を延期すると李承晩が発表するなど、米国の対韓援助と背反する情況が継続した。そこで、アチソンは同年4月7日、駐米韓国大使の張勉《チャンミョン》を通じ、インフレーション抑制ならびに同年5月内の総選挙を行わない場合には対韓援助を削減するとの「勧告」を出して、李承晩に圧力をかけた。

この「勧告」を北朝鮮外務省では「米帝と李承晩徒党との間に内包されている深刻な矛盾」と見て、次のように論評した。「傀儡政府に予算の均衡を要求するのは、まず軍事警察費の支出を大幅に削減することを意味し、これは李承晩徒党の内乱挑発陰謀と人民虐殺を中止することを意味する。（中略）人民虐殺と内乱挑発の放棄は、李承晩徒党の自滅を意味し、米帝の侵略政策の完全な破綻を意味する。再言すると、南朝鮮を米国の軍事基地化し、人民虐殺と内乱挑発を目的とする自分たちの侵略政策を放棄しない限り、傀儡政府の予算均衡はあり得ないのである。」[17]

アチソンの「勧告」とそれへの外務省の論評を外相の朴憲永はもちろん、首相の金日成が知らなかったはずはない。金日成がスターリンに語った米国の不介入という話が本心だったとすれば、おそらく彼らはアチソンの「勧告」に接して、開戦時にも本当に米国が介入しないという認識を共有するようになったのではないかと考えられる。

興味深いことに朴憲永は、開戦準備が進む1950年5月のメーデー向けに次のように演説した。「今日において戦争を恐れる者は、日ごと強化する民主陣営ではなく、日に日に弱化する帝国主義陣営です。（中略）民主 vs. 反動陣営の勢力関係が民主陣営に遙かに有利に転変したと言って、もう新たな戦争の危険がなくなったと結論を下すならば、これは決して正しくありません。なぜならば、世界支配を妄想する米・英の独占家たちは、彼らの情況が不利になり、危殆に瀕するようになった彼らの境地から、また洪水のように押し寄せる恐慌からの出口として、新しい戦争の道で解決しようという冒険を彼らが敢行するのは、歴史の経験が我々によく教えてくれるからです。」(18)

この演説は「平和擁護」を繰り返す祖国戦線の文献に納められてはいるが、ここに金日成の開戦論理に伴うカムフラージュと同一のロジックを見つけ出すのに困難はない。つまり、戦争は相手が起こすが、我々は戦争を恐れない。なぜならば、相手は弱化しており、我々は強化されているからだ。さあ、かかって来いというである。

米国の不介入が前提とされる場合、むしろより大きな問題は、前年9月12日と13日に金日成がトゥンキンと面談した時に現れた問題、すなわち同じ民族間で殺し合う内戦を起こすと「人民の間で否定的な印象を生じさせ」る恐れがある点だった(19)。これは同一民族間の内戦には必ず随伴して惹起される問題であり、その解決策としては民族意識ではなく階級意識を強調することだった。

開戦に向かう時期の北朝鮮の内部事情を示す資料を渉猟する

と、正にこの問題についての対応が取られていたことが分かる。在日朝鮮人の芸術家・活動家として著名な金斗鎔《キムドゥヨン》は、北朝鮮の学術雑誌『歴史諸問題』にたびたび寄稿し、同雑誌第2号には1950年4月15日に発刊予定の同雑誌第3号に「民族意識存否に関する問題」という論文を掲載すると予告されていた。ところが、当該『歴史諸問題』の編集後記では「前号に予告した金斗鎔氏の論文は、事情により掲載できませんでした。広くご諒解くださるようにお願い」すると書かれていた。そして、引き続く同雑誌第4号には1928年12月に採択された所謂「12月テーゼ」が掲載され、「朝鮮の革命的労働者・農民に」檄を飛ばす内容となっていたのである[20]。

北朝鮮が開戦当初の声明で李承晩政権の打倒を掲げこそすれ、米国への言及を注意深く避けていたのは、万一にも米国が介入するかも知れないという警戒もあったろうが、むしろ階級戦争と認識されていた内戦の性格からして当然の結果だった[21]。それで、実際に米国が介入の意図を示したにもかかわらず、朴憲永も金日成と同様、開戦初期の6月28日には「首都の解放は、実に今回の戦争の勝敗を事実的に決定するものです。（中略）既に米帝国主義者たちは南半部から総退却を始め、その侵略の道具である『国連朝鮮委員団』も東京へ逃げて行きました。李承晩逆徒どもは、ソウルを棄てて地方へ逃亡しました。李承晩売国逆徒どもの完全滅亡と南半部全体の完全解放は、ただ時間の問題です」と内戦の勝利を豪語していた[22]。

このような表面上は楽観的な展望とは正反対に、現実化した米国との戦争については開戦後まもなく認識されたし、朝鮮労働党々首の金料奉や政府副首相の洪命熹に至っては憂慮を表明した。1950年7月2日付のロシア資料には「最終的勝利への懸念に対する不安が一部見られ、解放地区では様子を見守ろうという立場をとる者も、若干だが少数存在している。朝鮮民主主義人民共和国と人民軍指導部（金日成、朴憲永、朴一禹、金策、崔庸健、姜健）は朝鮮で形成された軍事政治情勢を正確に評価し、完全勝利を信じている。（中略）金日成と朴憲永は、米国の朝鮮民主主義人民共和国に対する軍事介入によって引き起こされた朝鮮の苦難を理解しており、これと関連し戦争遂行のため人的・物的資源を安定させるよう必要な手段を取っている。（中略）しかし、金枓奉、洪命熹を含む一部の指導者は、朝鮮の戦力で対米戦争を敢行することは困難であることを述べ、また彼らは慎重なやり方でこの件についてのソ連の立場を金日成から聞き出そうと試みた」と記されている[23]。

ここから読み取れるように、政府と軍の首脳部は開戦に同意して戦争を遂行しているのに反して、朝鮮労働党々首が米軍との戦争を恐れていただけでなく、ソ連の立場を知らずにいるのである。前述のとおり、開戦決定が党中央委員会はおろか同委員会の核心的な意思決定機関である政治委員会においてさえも充分に諮られず、ソ連の立場について説明を受けていなかった様子を示す記述である。ロシア資料から推測すると、政治委員のうち金日成、朴憲永それに金策らは開戦を主導した人物だとしても、金枓奉らの他にも南労党々首で祖国戦線議長だった許憲などの党政治委員も、おそらく開戦計画の存在は知らされてはいたにしろ、その詳細な内容については無知だったのではなかろうか。彼らの本心は、戦争反対に近かったと見られる。

このように、1950年5月以後は一方で階級意識を高揚させる中で祖国戦線が平和攻勢を行い、他方では秘密裏に戦争準備を猛烈に推進するという事態になっていた。従来われわれは、平和攻勢を単に米韓側に対する開戦のカムフラージュと見なしてきたが、実際には北朝鮮の最高位の指導者たちを含む大多数の人々を欺くためにも行われていたのだった。北朝鮮内務省は、開戦当日に報道を発して「万一、南朝鮮傀儡政府当局が38度線以北地域に対する冒険的戦争行為を即時中止しないならば、敵どもを制圧するため決定的対策をとることになるであろうし、同時にこの冒険的戦争行為により発生する厳重な結果に対する全的責任を彼らが負うことになるであろう」と述べた。続いて「人民軍部隊との協同動作《ママ》の下で共和国警備隊は、38度線以北地域に侵入した敵どもを完全に撃退し、反攻撃戦に移った」と偽装したのである[24]。

これこそ、北朝鮮住民が現在に至るまで攻撃が米韓側から先に起こったと信じて疑わない歴史的な経緯を語ってくれる。しかも、米軍が国連軍として本格的に介入すると、開戦当初の「李承晩売国奴一味」の戦争挑発という話は李承晩が米国の指示を受けたことに変えられたため[25]、米国による「北侵」の神話が今日までも広く信じられるようになったのだ。

その経緯は、ごく一部の指導者たちを除けば、1950年6月25日に北朝鮮軍が38度線を越えるとは知らなかったいう意味で、大多数の北朝鮮住民にとり戦争が不意の出来事であり、何ら関知するところがなかったという事実を示してくれる。したがって、戦争が「国際化」した時、金日成らが「祖国解放戦争」と称して米国の主導の下で戦争が勃発したと自国民を欺したとしても北朝鮮住民に何ら罪はなかったのみならず、戦禍の中でその欺瞞の犠牲者となる他は道がなかったのである。

第3節　開戦から金日成の実権掌握へ

開戦後に朝鮮人民軍は破竹の勢いで南下し、同年6月28日にはソウルへ入城した。正に金日成が豪語したように、開戦から3日目に韓国の首都は陥落した。この後、人民軍は3日間ソウルで止まり、南下を中断した。所謂「謎の3日間」である。

北朝鮮では開戦直後の6月26日に「軍事委員会」を組織して「国内の一切の主権を軍事委員会の手中に集中させ」た。金日成が委員長で、朴憲永、洪命熹そして金策の三副首相に民族保衛相の崔庸健、内務相の朴一禹、国家計画委員会委員長の鄭準澤が委員だった(26)。戦時体制の構築であり、この軍事委員会なる組織が少なくとも中国人民志願軍が参戦する前の北朝鮮政権において核心となる権力機関として実権を掌握したと見てよい。この時点で朝鮮人民軍内に党細胞はなく、朝鮮労働党内にも軍事委員会はなかったから、この軍事委員会は構成員からしても政府組織と見なすべきであろう。

同年7月3日になると、シトゥイコフ大使が金日成、朴憲永と面談して「人民軍と米軍の戦闘を考慮して、金日成は軍指導部の強化が必要だと考えている」ことを受け、いくつかの提案を二人に行った。そのうち「(3)民族保衛省は縮小した形態で存続とする。（中略）(4)軍総司令官に金日成を任命する」とあり、「われわれの提案に彼は同意済みである」と書いたように(27)、軍事的な全権は完全に金日成が掌握する事態になった。実際に彼は、翌4日に「朝鮮人民軍最高司令官」に就任した(28)。

金日成は、この軍事委員会委員長と朝鮮人民軍最高司令官という立場を足場にして党への実権掌握の試みを始めたと考えられる。国連軍の参戦後にも朝鮮人民軍が継続して南下を続けると、今や最後の勝利は時間の問題と思われた。朝鮮統一を達成すれば名実ともに半島全域の最高指導者になるという金日成の思惑が実現に近づきつつあった。

この事態を受けて金日成は、フランスの新聞記者とのインタヴューで次のように語った。「我が人民軍隊は、人民とパルチザンの積極的支持の下で戦闘の1ヵ月間に南朝鮮全地域の4分の3を既に解放し、李承晩軍隊を撃滅して、朝鮮に上陸した米国軍隊の多くの部分を撃滅し、そのうち米軍第24師団を完全に撃滅して進軍を成果のうちに継続しています。（中略）我々は勝利を容易に得るだろうとは予想しません。しかし、朝鮮人民は米国武力侵犯者どもを我が朝鮮から完全に駆逐し、終局的勝利を争い取る時まで戦うという固い決心を持っています。」[29]

そして所謂「洛東江《ナクトンガン》の血戦」へと向かう同年8月18日、『闘士新聞』には彼の肩書きを「朝鮮労働党委員長」とする記事が掲載された[30]。翌々日の『朝鮮人民報』にも同様な記事が現れた。それらの記事はウェングリア（＝ハンガリー）勤労者党総書記ラーコシ（Matyas Rakosi）から届いた手紙で、相手の職責を「総書記」としたのに対応してか、金日成のそれからも後に見られる「中央委員会」の名称が脱けていた[31]。

これより先の7月26日に掲載された記事では「朝鮮労働党ソウル市鉄道局党々員および非党員熱誠者大会の決議文」として「我が人民の敬愛する首領であられ、我が民族の英明な領導者であられ、朝鮮人民軍最高司令官であられる金日成将軍」とあるのみで、ソウル市鉄道局党員が主催した大会であるにもかかわらず、金日成を党首とする記述はなかった[32]。また8月9日に掲載された毛沢東から金日成への電文には、北朝鮮「内閣首相兼軍事委員会委員長」とだけ書かれていたに過ぎなかった[33]。この時期の8月24日になって初めて、金日成の職責が「朝鮮労働党中央委員会委員長」と正式に書かれたのを発見できるが[34]、面白いことにルーマニア労働党中央委員会と交換した電文では、同月27日の電文が「朝鮮労働党中央委員会　金日成同志」宛で届いているのに[35]、翌28日の返電には「朝鮮労働党委員長　金日成」からとなっている[36]。

我々は、指揮命令系統を統一する軍事的な要請を利用し、戦争の渦中で党の実権を掌握する金日成を見て取ることができる。従来は外国党との交信で「朝鮮労働党中央委員会」を送受信の主体として用いていたが、朝鮮統一が達成されると予想した戦勝の盛んな8月中旬のこの時期に来て、金日成が金枓奉に党首の禅譲を迫ったものと考えられる。金枓奉とすれば、軍事的な要請から全権力を軍事委員会、特にその委員長に集中させる必要を認定せざるを得なかったであろうから、余り抵抗なく禅譲したのかも知れない。金枓奉が戦争中から始まる党内における粛清の嵐の中にあっても長くその対象とならなかったのは、このためではなかったかと思われる。

朝鮮労働党連合中央委員会の結成以降の1年間は党首を公表しないままであったのに、自らが「党委員長」となったら直ぐ公表するあたりに金日成の実権掌握の喜びが感じられる。ただし、党連合中央委員会の結成が秘密裏に行われたため、戦争のどさくさに紛れて金日成が党首となったことを知らない人たちも少なくなかった様子がうかがえる。けだし、ある人民軍兵士の手帳には「文化宣伝事業」として次のような質問が書かれていたからである。「一、民族保衛相は誰か。二、朝鮮労働党委員長は誰か。」[37]

この軍事的な全権の掌握により政府や党の実権を簒奪する手法は、今日にあっては金正日の権力掌握過程と重ね合わせて見ることができよう。金正日の場合は、まず1991年12月に「朝鮮人民軍最高司令官」に就任した後、「国防委員会」なる超政府的な権力機関を1993年4月に創り出して同委員長に就任、そして1997年10月に初めて朝鮮労働党「総秘書」という党規約上は規定のない職責に就いた。軍事的な全権の掌握から政府や党の実権を獲得していく父親の権力掌握過程を息子も真似て見たのであろうか。皮肉なことにも一時期ながら北朝鮮では、金日成＝金正日と大々的に宣伝されたとおりであった[38]。

前述のように、北朝鮮の首相として金日成は不安定な政府しか与えられなかったが、軍事委員会委員長、朝鮮人民軍最高司令官そして朝鮮労働党中央委員会委員長となった今、残すは実際の朝鮮統一であった。しかし、前線の情況は膠着して、朝鮮人民軍は「釜山《プサン》防衛線」で頑強に踏み止まる敵軍を前に夥しい犠牲を出していた。金日成は次第に不安を募らせたので、8月28日にスターリンが書簡を送り「前線の停滞あるいは部分的な失敗によって成功が時に途切れることに狼狽すべきではない」と慰めた[39]。

この書簡を受けた金日成は「大変いい手紙です」と喜びながら、党「政治委員会のメンバーの一部に良くない雰囲気があるので、その内容を伝える必要がある」から「明日、政治委員会を招集し、この手紙の内容を読み上げる」と述べたという[40]。ここから我々は、おそらく8月下旬には金日成が党首になっていたらしいと推定できるし、同時に党政治委員会内では米軍との戦争を憂慮する「雰囲気」が広がっていた点も看取できる。その憂慮をそのまま現実化するかのように米軍が国連軍の旗の下で仁川上陸作戦を敢行、朝鮮人民軍はあえなく壊滅して敗走した。

こうして、全面内戦の戦術による朝鮮統一を通じた朝鮮半島全体における最高権力の掌握という金日成の夢は、一時の雷撃のように輝いて巨大な傷跡を残したまま消え去った。金日成と朴憲永は仁川上陸作戦後にスターリンに送った手紙で悔しそうに書かざるを得なかった。「敵は戦いに敗れつつ、南朝鮮の最南端の狭い領域へと追い込まれた。われわれには最終決戦において勝利する大きなチャンスがあった」と[41]。

確かに金日成は、自らが38度線を国境とは思わず先に踏み越えて南侵したにもかかわらず、仁川上陸作戦後に「敵軍が三八度線を越えて北に侵入するかどうか」をシトゥイコフに尋ねるほど愚かな人物ではあった[42]。しかしながら、彼が少なくとも北朝鮮地域における権力だけでも維持しようと悪知恵を働かせたことは、中国人民志願軍の参戦後に朝鮮人民軍がその傘下に組み込まれると、事実上なにも果たす役割がなくなった機会を利用して、朝鮮労働党内の他派閥の幹部粛清を画策し始めたところから明白である。これは、朴憲永が戦争の円滑な遂行のため朝鮮人民軍内に創設された「党団体」つまり党細胞を統括する朝鮮労働党総政治局長に就任し[43]、事実上は彼が党活動に責任を負う立場になったことから促進されたものと思われる。ただし、この粛清の経緯については別稿に譲り、これ以上ここでは立ち入らない。

結論として最終章では、これまでの論議をまとめた上、朝鮮戦争の開戦に至る経緯が我々に示す意味と教訓を第1章で提起した矛盾点に従って整理しながら、朝鮮労働党内の粛清を経て誕生した「金日成王国」の成立そのものが北朝鮮崩壊をもたらす発端だったことを考察しよう。

註

⑴　「平壌とモスクワとの交換電文（1949年5月〜1950年5月）」、前掲『謎の戦争』94-95、114-118頁。

⑵　米国立記録保管所で発見できたのは、残念ながらロシア語原文ではなくその英訳であった。Chief General Staff, NKA, NK, "Intelligence Plan of the North Korean Army for an Attack Operation", June 1950, NAⅡ, RG242, Entry# 300B, Box.1, Item.200686.

⑶　ロシア資料にも「朝鮮人民軍総参謀部は、ワシリエフ将軍が参加して全般的な作戦計画を作成した。金日成は計画文書を承認した」とある。「シトゥイコフからモスクワへ（1950年5月29日）」、『謎の戦争』117頁。下斗米、前掲書、91-92頁。

⑷　「什特科夫關於朝鮮進攻日期致維辛斯基轉史達林電（1950年5月30日）」、沈志華、前掲書、403頁。

⑸　「共和國南半部의　愛國的指導者들과　愛國的人士들에　對한　李承晩売國徒黨들의　野獣的虐殺과　迫害에　關한　聲明書（一九五〇.五.二四）」ならびに「平和的祖國統一方策推進提議에　關한　콤뮤니케・決定書　및　呼訴文（一九五〇.六.五、第五次中央委員會）」他、前掲『史料集』Ⅵ、370-378頁。

⑹　高峻石『南朝鮮労働党史』224-225頁。金南植『南労黨研究』서울、돌베개、1984年、438頁。

⑺ 「朝鮮民主主義人民共和國最高人民會議常任委員會決定書：平和的祖國統一推進에 關하여」、『勞動新聞』1950年6月20日。

⑻ 金南植『南勞黨研究』439-439頁。

⑼ 「金科奉委員長의 中央新聞記者들에게 준 인터뷰」、『闘士新聞』1950年6月24日。

⑽ 「シトゥイコフからモスクワへ（1950年6月16日）」、『謎の戦争』118頁。

⑾ 「シトゥイコフからスターリンへ（1950年6月21日）」、同上書、119頁。

⑿ 和田『全史』122頁。

⒀ 佐々木春隆『朝鮮戦争／韓国編』中巻「50年春からソウルの陥落まで」、東京、原書房、1976年、169頁。

⒁ 朴憲永「南朝鮮現情勢와 愛國的諸政黨・社會團體들의 任務에 對한 報告（一九五〇. 一. 九、第四次中央委員會）」、『史料集』Ⅵ、346、352頁。

⒂ 所謂「民族解放運動」の教理については、レーニンがコミンテルン第2回大会でドグマ化しており、朴憲永が知らなかったはずはない。レーニン"民族・植民地問題小委員会の報告（七月二十六日）"、「共産主義インタナショナル第2回大会（1920年7月19日～8月7日）」、『レーニン全集』XXXI、東京、大月書店、1963年、233-238頁。

⒃ 朴明林『勃發과 起源』274頁。

⒄ 「美國務長官애치슨은 왜 李承晩에게 『警告』하였는가？」、『朝鮮中央通信』平壌、1950年4月18日發、NA, RG242, SA# 2006, 4/17.

⒅ 朴憲永「五・一節紀念報告（一九五〇・四・三〇）」、『史料集』Ⅵ、423頁。

⒆ 本書第5章第1節を参照されたい。

⒇ 『歴史諸問題』2（平壌、1950年3月）、89頁。「編輯後記」、同上書、3（平壌、1950年4月）、98頁。「朝鮮問題를 為하여～國際共産黨執

行委員會政治部書記局의　決議（一九二八年十二月）～：朝鮮에　關한　決議의　序文——朝鮮의　革命的勞動者農民에게——」、同上書、4（平壤、1950年5月）、所収、NA, RG 242, SA#2008, 10/15.

(21)「朝鮮戦争の勃発に際する金日成の放送演説（一九五〇年六月二六日）」、神谷不二編、前掲書、309-313頁。この演説では「李承晩売国奴一味」が「同族相争う内乱を挑発」したとされていて、米国の指示を受けているとは書かれていない。なお、ソ連共産党中央委員会政治局が1950年5月15日に朝鮮に関する決定を下したのを受けて、金日成が軍事的戦術、朴憲永は世論と政治動員を分担することになったことから、金日成の演説ではあるが、実際には朴憲永が責任担当したと考えてよい。下斗米、前掲書、91頁。

(22)「南半部의　勞動黨全體黨員들과　全體人民들에게　呼訴한　朴憲永同志의　放送演説」、『朝鮮人民軍宣傳員手册』16（平壤、1950年7月）、30頁、NA, RG242, SA#2011, 8/23.

(23)「シトゥイコフからスターリンへ（1950年7月2日）」、『謎の戦争』122-123頁。

(24)「朝鮮民主主義人民共和國内務省報道」、『文獻集』平壤、朝鮮人民軍前線司令部文化訓練局、1950年、1-2頁、NA, RG242, SA#2011, 8/22.

(25)朴憲永は1950年7月1日に「米国大統領トルーマンは、米帝国主義者たちの指示により我が国で同族争い合う内乱を爆発させた南朝鮮傀儡政権側に加担し」たとし、米国が開戦の張本人だと主張した。「朝鮮民主主義人民共和國外務省声明」、前掲『朝鮮人民軍宣傳員手册』16、45頁。同様な指摘は次を参照されたい。朴明林『韓國1950』110頁。

(26)「朝鮮民主主義人民共和國最高人民會議常任委員會政令：軍事委員會의　組織에　關하여（一九五〇年六月二十六日）」、前掲『文獻集』3-4頁。

(27)「シトゥイコフからスターリンへ（1950年7月4日）」、『謎の戦争』124-125頁。

(28)　「朝鮮民主主義人民共和國最高人民會議常任委員會政令：金日成首相을　朝鮮民主主義人民共和國人民軍最高司令官으로　任命함에　關하여（一九五〇年七月四日）」、前掲『文獻集』５頁。

(29)　前掲「『유마니테』新聞記者마니앙氏의　質問과　朝鮮民主主義人民共和國内閣首相金日成将軍의　對答」、『解放日報』1950年７月29日。

(30)　「平壤　朝鮮勞動黨委員長　金日成同志앞、웽그리아勤勞者黨總秘書마리아스・라코시」、『鬪士新聞』1950年８月18日、NAⅡ, RG242, Entry# 300C, Box.26, Item. 201200.

(31)　「平壤　朝鮮勞動黨委員長　金日成同志앞、웽그리아勤勞者黨總秘書마리아스・라코시」、『朝鮮人民報』1950年８月20日、NAⅡ, RG242, Entry# 300C, Box.82, Item. 200995.

(32)　「祖國統一獨立을　爭取하기　為하여　鬪爭하는　우리들은　반드시　勝利한다：朝鮮勞動黨　서울市鐵道局黨　黨員　및　非黨員　熱誠者大會의　決議文（７．23）」、『朝鮮人民報』1950年７月26日、NAⅡ, RG242, Entry# 300C, Box. 82, Item. 200995.

(33)　これは毛沢東からの感謝文であった。「朝鮮民主主義人民共和國内閣首相兼軍事委員會委員長　金日成将軍貴下」、『鬪士新聞』1950年８月９日、NAⅡ, RG242, Entry# 300C, Box.26, Item.201200.

(34)　「부카레스트、웽그리아勤勞者黨總秘書　마티아스・라코시同志、朝鮮勞動黨中央委員會委員長　金日成、1950年８月21日、朝鮮平壤」、『勞動新聞』1950年８月24日、平壤市黨部『国際的聲援』1950. ６。これは新聞のスクラップ・ブックに挟まれた資料で、米国立記録保管所が移転する前の資料番号が同時に付けられている。NAⅡ, RG242, Entry# 299, Box.80 : SA#2005, 3/10.

(35)　「朝鮮勞動黨中央委員會　金日成同志에게」、『朝鮮人民報』1950年８月27日、NAⅡ, RG242, Entry# 300C, Box.38, Item.201445.

(36)　「루－마니아勞動黨中央委員會　게・게오르기우・데스同志앞、朝鮮勞動黨委員長　金日成、1950年８月25日、朝鮮平壤」、『朝鮮人民報』

1950年8月28日、NAⅡ, RG242, Entry# 300C, Box.18, Item.200995.

(37)　無題（人民軍兵士の手帳）、NAⅡ, RG242, Entry# 300C, Box.131, Item.204586.

(38)　筆者が1995年8月に訪朝した際に集団体操（マス・ゲーム）で示されたスローガンによる。そのスローガンによると、金日成の「主体思想」の継承者として金正日を「推戴」していた。

(39)　「スターリンからシトゥイコフへ（1950年8月28日）」、『謎の戦争』127-128頁。

(40)　「シトゥイコフからスターリンへ（1950年8月30日）」、同上書、129頁。『謎の戦争』では同月31日とされているが、他の資料を照合すると同月30日に打電されたものと思われる。

(41)　「金日成・朴憲永からスターリンへ（1950年9月30日）」、同上書、143頁。

(42)　「シトゥイコフからグロムイコへ（1950年9月30日）」、同上書、138頁。『謎の戦争』では同月29日とされているが、他の資料を照合すると同月30日にグロムイコへ打電したものと思われる。

(43)　朴憲永の就任日時は不明確ながら、この党総政治局の活動は党中央委員会でおそらく事後的に批准されたようだ。「朝鮮人民軍内黨團體事業規定（1950年11月29日、朝鮮勞動黨中央委員會批准）」、朝鮮人民軍總政治局『絶對秘密　朝鮮人民軍内黨團體事業規定』平壌、1950年、1-9頁、NAⅡ, RG242, Entry# 300C, Box.96, Item.202750.

第7章

結論——朝鮮労働党内の粛清：「金日成王国」の誕生

以上、本書で検証したところを要約すると大略つぎのとおりである。この要約から分かるとおり、朝鮮戦争の開戦に至る経緯が直接、開戦後の事態を方向付けていた。

第1節　論議のまとめ

1948年9月の北朝鮮政権の樹立に伴い金日成を首班とする政府が形成され、最優先の課題に朝鮮統一を掲げた。だが、北朝鮮憲法から来る国家統治機構上の制約や党が政府を指導する共産主義体制に固有の政治構造から金日成には裁量の自由はほとんどなかったばかりか、居並ぶ朝鮮人革命家たちの前では金日成の抗日ゲリラ闘争の経歴程度を以てしては主導権を発揮するどころではなかった。特に、スターリンの黙示を頼りとしたソ連の現地政策執行者として金日成が台頭したところから、副首相兼外相として入閣した古参の共産主義活動家である朴憲永とは当初から軋轢が芽生えていたと見られる。

ここから金日成は、朝鮮統一の大業績を挙げて実権を掌握しようと早くも1949年3月、スターリンに全面内戦による朝鮮統一という戦術に許可を与えるよう訴えたが明白に拒絶され、また同年5月には北京に派遣した腹心の部下を通じて毛沢東からもその戦術を実行しないよう諭された。ソ連の「平和擁護」を掲げる外交方針と国共内戦を遂行する中国共産党の状況は、北朝鮮からする攻撃が米国の介入可能性と結び付くと考えさせたため、これを拒絶させたのである。むしろソ連は、南朝鮮地域からの米軍の撤退に伴って北朝鮮が守勢に立つのではないかと恐れ、同年6月25日に祖国統一民主主義戦線（祖国戦線）

を結成させて「平和的統一方策」の喧伝により韓国側からの攻撃を牽制しようとした。

それは、現地の北朝鮮においては南朝鮮地域で活動する南朝鮮労働党（南労党）を率いる朴憲永が主導して結成されたと見られるものの、金日成にとってはスターリンが説いた開戦の方式、すなわち韓国側からの攻撃に反撃する形で開戦する望みを遂げる機会でもあった。ところが、実際には李承晩が攻撃を仕掛けなかったので、むしろ「平和的統一方策」は金日成の戦術である南朝鮮地域への朝鮮人民軍の投入を封じ込める役割を果たすことになった。この祖国戦線の結成は、ソ連の「平和擁護」という外交方針を盾に取った朴憲永の老獪な戦術的勝利であったと見られる。

同時にそれは、同時期に南北朝鮮労働党の「連合中央委員会」として結成された、北朝鮮政権の核心をなす執権政党である朝鮮労働党中央委員会政治委員会でも、金日成の実権を剥奪する事態につながった。すなわち、同中央委員会委員長には北朝鮮労働党々首だった金枓奉が就任し、金日成は同政治委員会で単なる政治委員に格下げされた。朴憲永はソ連籍の朝鮮人共産主義者の頭目だった許ガイと共に同中央委員会副委員長として朝鮮統一に責任を負う立場に就き、祖国戦線の活動を通じて各政党や社会団体による朝鮮統一を目指す活動に統制を加え、次第にその活動に果たす主導権を掌握していった様子が分かる。

これに対して金日成は、同年８月から再び自らの戦術をソ連軍に打診し始めたが、そこでは同一民族で内戦を引き起こす場合の問題点が認識されていた。しかも、その打診は再度、同年９月にソ連共産党中央委員会政治局から拒絶を言い渡されてしまう。同政治局が支持した戦術は、南朝鮮地域における武装パルチザン闘争の拡大戦術であり、またしても朴憲永の位相が党内で上昇した。その証拠として、同年12月に開催された朝鮮労働党中央委員会第2次会議では朴憲永が武装パルチザン闘争の高揚を高らかに唱導し、同党からは「平和的統一方策」を単なる宣伝ではない旨、確認する決定を下したのである。

朝鮮労働党の戦略は、一方でこの「平和的統一方策」により南北朝鮮間の全面内戦を防止しながら、他方では南朝鮮地域での武装パルチザン闘争の展開と党細胞扶植による反政府活動の拡大という2つの戦術を推進して、最終的に李承晩政権を打倒するという内容であった。この戦略を実践に移す様子については、祖国戦線の傘下で活動を展開した朝鮮新進党の事例がよく示すとおりである。

ところが、同年10月に中華人民共和国が樹立を宣言、同年12月からは中ソ関係が劇的に改善するに伴い、スターリンは毛沢東式の武力解放路線を是認するようになった。この機に便乗した金日成は、1950年1月にスターリンとの会見を再び要求、彼から事実上の開戦への同意を取り付けることに成功した。同年4月にスターリン、そして同年5月に毛沢東と会見した金日成は、もともと評価していなかった武装パルチザン闘争からの支援を過大に強調しながら、米軍の介入可能性はないと強弁して、開戦後すみやかに南朝鮮地域の「解放」を達成できると豪語した。朴憲永は、今やスターリンだけでなく毛沢東まで開戦に同意する事態を前にして金日成の軍門に下る他はなく、また自らが主張して金日成への対抗基盤を形成してきた南労党の誇張された活動を今更どう否定することもできず、開戦後には地下の党員による大規模蜂起が起こるかのように大法螺を吹いたのである。

こうして金日成は、今や朝鮮統一の業績を基に朝鮮半島全体の最高指導者として登場するかに見えた。彼は、中ソからの開戦同意を盾に、武装パルチザン闘争と党細胞扶植という戦術を用いて李承晩政権を打倒しようとした朴憲永を退け、今度は祖国戦線の活動を開戦のカムフラージュとして利用しながら、全面内戦を通じた最高権力の掌握に挑戦した。開戦に先立ち、北朝鮮内では民族意識ではなく階級意識を覚醒させるような開戦工作が行われ、同じ民族が殺し合う戦争を階級闘争として認識させようとしていた(1)。

その際、北朝鮮政権を動かす執権政党だった朝鮮労働党の核心である中央委員会政治委員会においてさえも開戦決定は公式に諮られず、金日成、朴憲永、金策、崔庸健ら極少数の首脳部だけで開戦を合議したと推定できる。開戦の日時は、その前年の同日に結成された祖国戦線が「平和的統一方策」を打ち出して自らの全面内戦の戦術を封じ込めたことを念頭に、金日成がソ連軍事顧問団と諮りつつも自らの勝利の日となるよう独自に決定したのであろう。

金日成は、開戦後に朝鮮人民軍が南朝鮮地域を席巻する中、新たに創設された軍事委員会委員長ならびに朝鮮人民軍最高司令官に就任して軍事的な全権を手に入れ、この軍事的な立場を利用して朝鮮労働党々首の金枓奉に取って代わった。戦争という非常事態の中で、おそらく金枓奉は余り抵抗しなかったと思われ、遅くとも1950年8月中旬には党首の禅譲が行われたようである。金枓奉も後日、金日成により無惨に惨殺されたとされるが、朝鮮戦争の停戦後も朝鮮最高人民会議常任委員会委員長として重要な職責を果たし続けたことは、ひとえに金日成による党首の職責簒奪に抵抗しなかったお陰だったのではないかと思われる。

しかし、米軍を主力とする国連軍が戦争に介入して仁川上陸作戦を成功させると朝鮮人民軍は敗走し、北朝鮮政権には崩壊の危機が訪れた。金日成の開戦後の勝利は、6月の五月雨を呼ぶ雷撃のように、ほんの一瞬だけ輝いて消え去ったのである。この中で金日成と朴憲永の暗闘が表面化し、それが二人の間で敗戦責任をめぐる責任問題として激化していった。特に、二人と一緒に当初から開戦の決定に関わった金策が1951年1月に戦死すると、金日成と朴憲永の間に仲介として入る人物はいなくなり、対立は一方の粛清へとつながっていった。

とりわけ中国人民志願軍が参戦して朝鮮人民軍をその指揮下に置くと、金日成の職責は形ばかりのものとなり、スターリン～毛沢東～彭徳懐の指導で戦争が展開されるようになった。「小人閑居為不善、無所不至」の喩えどおり、金日成が時間的な余裕を与えられて1952年初めから粛清に着手した時(2)、最大の政治的なライバルである朴憲永をはじめする国内派と言われた共産主義者たちが当初の狙いであった。この後も金日成は、ソ連派、延安派そして自らが属する満州ゲリラ派にまで粛清の手を伸ばす中、党内でも個人崇拝を推し進め、北朝鮮に個人独裁体制を打ち立てることに成功したのである。

第2節　開戦に至る経緯が示す意味と教訓

では、朝鮮戦争の開戦に至る経緯が我々に示す意味と教訓を第1章で提起した矛盾点に従って整理してみよう。並み居る政治指導者たちの中でただ一人、金日成だけが終始一貫して開戦を工作し、朝鮮半島全体における自己の権力掌握を追求したという開戦に至る経緯そのものが、開戦後の北朝鮮を決定付けたと言っても過言ではない。

a）冷戦と熱戦の間には「冷戦の真珠湾」とか「冷戦の爆発」とかという説明では解明できない朝鮮人共産主義勢力のダイナミックな活動が介在していた[(3)]。金日成の戦争は、内戦という体裁を繕ってはいたが、その内実において彼の英雄主義的な権力掌握を目指す戦争であった。しかし、その戦争は米国をしてソ連の膨張政策と誤認させ、信夫清三郎が指摘したとおり、米軍の介入により個人の水準から世界の水準へと戦争の性格を飛躍させることを通じて、洋の東西を繋いで冷戦を世界規模に拡大させた。もちろん、開戦でのスターリンの操縦可能性を排除するものではないが[(4)]、開戦の煽りを受けて一方では中国内戦の延長どころか中国共産党は逃亡した中国国民党から台湾を「解放」することが不可能になり、他方で蒋介石の長期独裁の下で台湾住民が抑圧され続ける結果をもたらしもした。韓国でも台湾でも長期間にわたる民主化闘争が必要であった。

逆説的ながら、東北アジアにおける東西冷戦型の緊張を巧みに利用して執権するという意味において、軍事―安全保障を最優先課題として軍部による独裁を継続した南北朝鮮と台湾の為政者たちは、金日成の冒険主義的な開戦の受益者だったと言えるかも知れない。朝鮮半島においては「対立の相互依存」構造と筆者が呼ぶ分断（対立）を利用して各国内を統治する分断状態が形成され、それが少しずつ変容しながらも現在まで続いてきた。この構造の形成ならびに変容過程については、いま執筆中の別稿で詳しく論ずることになる。

b）金日成が中国内戦の帰趨から刺激を受けたことは間違いないが、彼が倦むことなく開戦工作を行ったのは、ひとえに彼の置かれた矛盾した立場から来るものであった。北朝鮮政権が目指した国民国家の胎む民族と階級の矛盾、執権政党が政府を統制する共産主義体制内にあって実権のない政府首班となった矛盾、朝鮮統一の戦術として南朝鮮地域における武装パルチザン闘争と南北朝鮮間の全面内戦を朴憲永と金日成がそれぞれ追求した矛盾、そして内戦勃発時に李承晩政権を米国が救うのか棄てるのかをめぐる対米認識上の矛盾、これらが彼を開戦に向かわせたのである。

レヴィ＝ストロースの言葉を借りれば「結局、問題は、真実と虚偽を発見することにあるよりも、むしろ、人間がいかにしてすこしずつ矛盾を克服してきたかを理解することにあった」と言える[(5)]。構造から来る圧力と人間の自由意志という困難な問題を勘案したとしても、彼が戦争責任を免れることは到底できないが、国際情勢の展開が金日成の野望を実現する環境を整え、それをスターリンが一転して助けたという事実も、我々は決して忘れてはならないのである。

c）その発火点として1950年6月25日は、その前と後をつなぐ極めて意味深い連結点であった。朴憲永と金日成の朝鮮共産主義運動の主導権をめぐる暗闘は、金日成をしてその前年に自らの戦術が封じ込められた祖国戦線の結成日に開戦を決行させたのであろう。それは、金日成にとって勝利の日となるはずであり、朝鮮統一という大業績を挙げて朝鮮半島全体の統治権を恣にする記念すべき日となるはずであった。

開戦は「人民の間で否定的な印象を生じさせ」るという金日成が抱いた当初の認識に加え、米韓側に開戦は知られているという情報にもかかわらず、金日成が6月25日に開戦を決行したところには、南北朝鮮の統一した独立主権国家の樹立という当時の朝鮮人独立運動家たちが抱いていた朝鮮民族主義の熱情では説明ができない、金日成が抱く強い権力欲があったと言わざるを得ない。こうして、戦争によるその権力掌握が失敗に帰するや、彼は朝鮮労働党内の粛清に着手し、北朝鮮だけにでも自分の王国を打ち立てようと画策したのである。

d）金日成からすると開戦の決定をごく僅かな首脳部の数名のみで行った事実を知られることは、その政治生命に致命的な脅威となる事態であった。同じ民族を塗炭の苦しみに陥れた張本人であるという指弾は、政治指導者なら誰しも耐え難い「民族の反逆者」に転落することを意味した。彼が国内派の粛清に止まらず、その後も継続してソ連派、延安派さらには自派の満州ゲリラ派に至るまで朝鮮人共産主義勢力を政治舞台から消し去ったのは、正に開戦に至る経緯から由来していたと推定される。

つまり、彼は開戦に至る経緯を相手が知っているのではないかと恐れ、際限なく粛清の対象を拡大していったと思われる。こうして逆説的ながら、内部矛盾の展開として開始された朝鮮戦争は、少なくとも北朝鮮政権内にあっては内部矛盾を一掃してしまった。「血の粛清」と言われる暴虐の嵐は、朝鮮戦争の開戦に至る経緯がもたらした最も醜悪な結果のひとつである。朝鮮の解放から朝鮮戦争の開戦までの時期、彼と一緒に活動した朝鮮人共産主義者たちのうち、この粛清で生き残ったのは、ほんの数名だった。

この党内の粛清を経て誕生した「金日成王国」の成立そのものが北朝鮮の崩壊をもたらす発端だった。次に我々は、北朝鮮での王国の成立が教える教訓について考察してみよう。

まず、金日成は自らの支配の正当性を補完するため、朝鮮戦争中から開始された党内での個人崇拝を強化しつつ、1956年には「8月宗派事件」を沈静化させて、事実上その個人独裁体制を完成させた。だが逆説的ながら、独裁の完成は北朝鮮政権の崩壊が始まったことを意味した。なぜならば、真に北朝鮮政権を支援する勢力は消え去り、ひたすら金日成に服従する者たちだけが残ったからである。

毛沢東風に言えば、そこには進歩をもたらす矛盾律は消滅し、それまで長く朝鮮共産主義運動のダイナミクスを産み出してきた内部の権力闘争と路線闘争は、金日成がほぼ全ての政治的な領域のみならず経済的な領域さえも支配したことで消滅した。「絶対的権力は絶対に腐敗する」というアクトン卿（Lord Acton）の言葉どおり、金日成の王国は出来上がったものの早晩、政治的にも経済的にも衰退が訪れる他なかったのだった。北朝鮮で残ったのは、開戦のカムフラージュからもたらされた米韓に対する謂われなき憎悪と偽造された根拠のない歴史であり、それらを維持しようとすればするほど、ますます閉鎖された統制社会へ向かう他なかった。

次に、開戦を主導した金日成の立場から見ると、朝鮮統一による最高権力者への上昇（目的）—北朝鮮における実権の掌握（結果）という目的—結果の関係からは、全く失敗した戦争とは言えなかった。金日成は、戦争に伴う統一した指揮命令系統の必要から、まず軍事的な全権を政府の機能を取り込む形で手に入れ、次にそこから執権政党である朝鮮労働党々首の職責を簒奪できた。これこそが後に金日成・正日による王国の権力世襲に適応された前例であり、どちらも戦争状態という異常な事態の中だったからこそ政治権力を掌握し維持できたのである。ここから、その異常な事態を存続させる分断構造が求められ、現在まで維持されてきたことは、今や我々が等しく観察するところとなった。それがどのような結果を生んだか、知らない者はいない。

確かに金日成は「金日成王国」と呼べる個人独裁体制を樹立、それを息子に譲り渡すのに成功した。その中で開戦に至る経緯については秘密を保持することに成功し、いま初めて本書がその内幕に迫れる程、歴史の偽造と国民の欺瞞に充ち満ちた体制を打ち立てたのであった。その体制が停滞し、退歩して、そして崩壊する危険にあるのは事実だが、だからこそ我々は、開戦に至る経緯から生み出され、朝鮮戦争の停戦と前後して打ち立てられた「対立の相互依存」構造と筆者が呼ぶ、南北朝鮮間の矛盾した分断状態を分析する必要に至る。なぜならば、この南北朝鮮の分断状態を理解せずには、所謂「拉致問題」はじめ朝鮮半島の抱える諸問題にアプローチすることは不可能だからである。

註

⑴　シトゥイコフから階級闘争の教理を教えられた金日成は、スターリンの死去に際して朝鮮戦争を「極度に先鋭化した階級闘争」だと述べている。金日成「쓰딸린은　自己의　自由와　獨立을　固守하는　人民들의　闘争의　鼓舞者」、『青年生活』1（平壌、1953年3月）、22頁、NA, RG242, SA#2013, 2/70.

⑵　金日成が党内の粛清に着手した時期については、それを実際に担当した北朝鮮政府の元内務副相である姜尚昊が「南労党派の除去が始められたのが可視的に現れたのは、正確に52年初めからだった」と述べている。姜尚昊「내가　치른　北韓粛清」⑪、『中央日報』1993年3月22日。

⑶　「冷戦の真珠湾」が永井陽之助、「冷戦の爆発」は朴明林の使用した小タイトルである。永井、前掲書、293頁。朴明林『韓國1950』75頁。

⑷　金東吉「蘇聯과　韓國戰爭：스탈린의　世界安保戰略의　再照明、韓國戰爭　勃發起源」、2007韓國學世界大會패널4：韓國戰爭의　國際的再照明⑵、釜山벡스코、2007年8月24日。

⑸　前掲「悲しき熱帯」、『世界の名著』394頁。

おわりに――冷戦と熱戦の間で

本書は、北朝鮮政権の内部論理と行動様式を示すことにより、冷戦と熱戦との関係を曖昧模糊にしてきた従来の学問的な間隙を少しでも埋めるよう企図された。これまでの冷戦史研究の膨大な蓄積にもかかわらず、表面的には朝鮮戦争が朝鮮半島に持ち込まれた東西冷戦を打破する朝鮮統一を目指した戦争であるとしても、朝鮮戦争が冷戦とは異なる政治的な脈絡から引き起こされた戦争であるという認識がなければ、冷戦と熱戦との間の橋渡しはできない。

そして、朝鮮戦争の結果として出来上がった朝鮮半島の分断構造を理解することなしには、冷戦の終焉にもかかわらず熱戦を経験して未だ分断の悲劇から抜け出せないでいる南北朝鮮の人々に朝鮮統一の展望は開けない。なぜならば、本書で示したように、朝鮮戦争が権力の所在という最も重要で敏感な問題と結び付いていたことは、改めて朝鮮統一が同様な問題を惹起すると教えるからである。つまり、戦争の形態ではなくとも、朝鮮統一を目指す活動には権力の問題、明確に述べると朝鮮半島全体に及ぶ最高権力を掌握する者は誰か、反対に既存の権力を放棄せざるを得ない者は誰か、という難問が常につきまとう。

特に金大中《キムテジュン》前韓国大統領の言葉どおり、民主化を自らの「血を流す闘争」を経て闘い取った韓国と比べ、北朝鮮政権は依然として分断（対立）を利用して国民を統制し、外部からの圧力を内部の締め付けに転化することで、個人独裁体制の維持を図っている。これが「対立の相互依存」構造の機能的な残滓である。日本について言えば、拉致問題を以て北朝鮮に圧力を加えれば加える程、金正日政権は内部への締め付けを強化し、北朝鮮住民が疲弊するばかりか拉致被害者の身の安全も脅かしかねない。

言うまでもなく、朝鮮戦争の開戦を導いた主役たち、すなわち金策、朴憲永、崔庸健そして金日成と全てが今は亡くなり、彼らの戦争犯罪を問うことも今は既にできない。また、北朝鮮住民は開戦の経緯からして金日成らに欺され、現在も米韓側の攻撃と北朝鮮側の反撃という作り話を信じさせられている被害者であるから、彼らに戦争責任を問うことは元来できない。ここから我々は、朝鮮戦争の結果として産み出された南北朝鮮間の分断構造の中で、北朝鮮の最高首脳部に構造の解体を要求せねばならないのはもちろんながら、被害者としての北朝鮮住民とは友好親善を推進して北朝鮮という「監獄」から救済するよう助けなければならない。拉致被害者だけを救出すればよいという主張は、北朝鮮政権には全く通じないし、国際社会でも共感を得られないであろう。

「虎穴に入らずんば虎児を得ず」の格言どおり、閉鎖された北朝鮮に自由の風を吹き込み、内部からの改革を誘導せずして北朝鮮政権は変化し得ない。日本は、隣邦である韓国の「包容政策」に協力して日朝国交正常化交渉を推進し、その過程と正常化後において現在の金正日政権下のそれとは異なる生活の道、つまり警察統治から解放された基本的な人権の尊重、自由で平等な民主選挙制度、信用制度を伴う市場経済、働いた分は給金がもらえる労働システム等があることを、具体的な実例で北朝鮮住民に示すことで北朝鮮の変革を導く必要がある。

例えば「主体農法」により疲弊した農業分野で現地指導を行ったり、開城工業団地や経済特区で工場を建て経営したり、大学などで行う人権教育のため講師を派遣したり、立ち後れた法制度の整備を助けたりする等、具体的に日本ができる仕事はいくらもあろう。その過程で、拉致被害者の救出も実現できる可能性が出て来よう。それこそが日本の植民地統治時代、抗日闘争に従事した朝鮮人共産主義者たちが創り出した北朝鮮という過去の遺産を未来志向的に引き継いで、朝鮮統一を通じた東アジアの平和と繁栄へ結び付けていく、彼ら朝鮮人共産主義者たちの生みの親とも言うべき日本に求められる朝鮮政策である。

最終的に本書は、朝鮮戦争の開戦に至る経緯を検証する作業を通じて、朝鮮戦争は主に金日成らが計画して自分自身の権力掌握のために起こした戦争であることを実証しようとした。この結果として先の開戦には次の４つの条件があったことを我々は理解できる。すなわち、①朝鮮統一を実践すべしという内部からの圧力とそれを平和的に実践できない構造的な内部矛盾、②全面内戦により北朝鮮が韓国を打倒して朝鮮統一を成し遂げるであろうという楽観主義的な勝利の展望、③その開戦計画に対する中ソからの同意と支援、④韓国からの統一拒否という強硬な反共主義的態度、である。

言うまでもなく、現在これら４つの条件は全く存在しない。北朝鮮の核武装という事態に韓国が悠然としている事実が示すように、第２次朝鮮戦争を北朝鮮が引き起こせば、それは取りも直さず北朝鮮そのものの消滅を意味する。その点を最も熟知しているのは、他ならぬ金正日その人であろう。金日成が姑息な粛清を通じて権力を維持しようとした臆病者であるところから推して、金正日が自滅の道を厭わずに最後の決戦に打って出るほど勇敢だとは誰も信じられないであろう。

次の著書では、その結果においても北朝鮮政権が金日成・正日父子のために奉仕する分断構造を創り出していく過程に光を当てる。北朝鮮の政治構造とその機能的なダイナミクスを知らずして北朝鮮と渡り合うことは、ほぼ不可能に近いと言える。そして、第三の著作で、筆者が「対立の相互依存」構造と呼ぶ独特な構造と機能を持つ体制が「協力的な分断（co-operative disunion)」構造へと変容している現在の過程において、日本が早急になすべきことは軍事的な備えを強化することではなく、友邦である韓国の声に耳を傾けて、朝鮮半島の平和と繁栄に果たす役割を歴史的に解明、それを実践する他にない点が示されよう。

もともと本書は２年前に出版する予定であったが、筆者は家庭内の事情や２年つづきの手術入院、さらに昨年は思わぬ不祥事に巻き込まれる等の理由から、研究の停滞を余儀なくされた。まことに波乱万丈の２年間という他はなく、いま本書を上梓するまでに至ったことが何か奇跡的に思える程である。

このような中にあって、和田春樹先生には所謂「アジア女性基金」の解散当日の夜に名誉回復をせよとの激励の言葉をいただいた。また、下斗米伸夫先生には上述の諸事情から著書のご執筆に充分なお手伝いもできないまま月日を過ごしてしまったにもかかわらず、貴重なご高著をご恵送いただいた。結果的に本書では、北朝鮮政権の内部矛盾として朝鮮戦争の開戦に至る経緯を描き、その中で少なからぬ方々に批判を加えたが、それは決して悪意からではなく、本書の趣旨から必要だからであった。特に和田春樹ならびに下斗米伸夫の両先生には、衷心より感謝を申し上げると共に悪しからず思し召しいただくよう改めてお願い申し上げたい。

賢明な読者にはお分かりのとおり、本書はタックマン女史の『8月の砲声（The Guns of August)』からヒントを得て題目をつけた。当初は『決定なき開戦』とする考えだったが、韓国延世大学校国際大学院教授の朴明林ならびに韓国世宗研究所首席研究委員の李鍾奭、この両氏との対話の中で開戦非決定過程として開戦に至る経緯を描くことには問題が多いと指摘されたばかりか、数多くの貴重なご指摘を頂戴できた。

加えて本書の執筆の過程で、金大中ライブラリーの責任者である朴明林氏のお計らいで金大中氏と本年3月18日にソウルのご自宅でお目にかかり、親しくお話を伺う機会を得た。また、前統一部長官として李鍾奭氏には東アジア学会の招聘で4月21日に福岡へお越しいただき、特別講演を行っていただいた。この場を借りて朴明林ならびに李鍾奭という韓国の朝鮮戦争研究の権威である両先生に、資料の提供はじめ数多くの指導と支援を頂戴できたことに深い感謝の意を申し述べるところである。

さらに、米国立記録保管所がスートランドにあった1992年にお目にかかり、これまで資料のご提供や会食のお誘いを含め一方ならぬ恩恵を賜った韓国翰林大学校客員教授の方善柱《パンソンジュ》先生には、感謝の申し上げようもない程である。また、韓国教育部付属の国史編纂委員会にご勤務当時から李東鉉《イドンヒョン》・現韓国オー・マイ・ニュース副社長には、資料のご提供はじめ何度もお助けをいただいた。この関係から韓国慶北大学校教授の全鉉秀《チョンヒョンス》先生と人脈を通じ、本書でも数多く引用した極めて貴重な『シトゥイコフ日記』のご提供を受けたのみならず、ロシアのアーカイヴス資料についてレクチャーを賜り、筆者のモスクワ訪問のため自ら研究室でパソコン画面から情報を検索していただいた。これら先生方の私心のないご指導とご支援に心から感謝を申し上げる次第である。

もちろん、本書が諸先生方のご期待に沿う内容とは到底おもわれないけれども、少しでも朝鮮現代政治の空白を埋めることができれば、筆者としてはそれに過ぎた喜びはない。さらに読者諸氏からの多くのご批正を賜ることができれば、今後の著作活動にとっても望外の幸せである。なお、本書の執筆と前後して資料調査・収集活動に従事するに当たり、2004～06 年度にわたり科学研究費補助金の助成を受けたことを書き添えておく。

参　考　文　献

＊参考文献として本書に関係する資料の一部を資料群と書籍群の区別により英、ロ、中、韓・朝、日の文献の順に示した。なお、ロシア文献は全て韓国で入手したものである。

□資料群

○英文献

・National Archives, National Records Center（Suitland), The Captured Korean Documents, Record Group（RG）242.

・National Archives Ⅱ（NA Ⅱ：College Park City), The Captured Korean Documents, RG 242, Entry Number 299/300/300A/300B/300C/300D/300G/300H.

・NA Ⅱ, RG 59：Records of the US Department of the State Relating to the Internal Affairs of Korea 1945-1949, LM 80～81.

・NA Ⅱ, CIA File, 1949～1951.

○ロシア文献

・韓国中央日報社特別取材班長・金局厚氏らの収集したロシア資料群『金局厚文書』(本資料は未整理で表題等はついていないため、そのまま資料群として示すにとどめる)。

・『韓國戰争（1950. 6. 25）關聯文書：基本文獻、1949-53』ならびに『韓國戰争（1950. 6. 25）關聯文書：補充文獻、1949-53』ロシア語原文＋韓国語翻訳文（金泳三元韓国大統領が1994年6月1～4日に訪ロ時、当時のエリツィン大統領から寄贈を受けた資料。韓国外交安保研究院で保管していた資料群を閲覧、複写)。

□書籍群

○英文献

△単行本

・The United States, Department of State, *Foreign Relations of the United States, 1945～1950*（Washington, D. C. : The United States Government Printing Office, 1969～1977）.

・United States Armed Forces in Korea, *History of the United States Armed Forces in Korea*（『駐韓米軍史』 1～4、서울、돌베개、1988年）.

・Headquarter, United States Armed Forces in Korea, *Intelligence Summary Northern Korea*（『駐韓米軍北韓情報要約』 1～4、春川、翰林大學校아시아文化研究所、1989年）.

・『KLO・TLO文書集』 1～3、春川、翰林大學校아시아文化研究所、2000年。

・Headquarter, United States Military Advisory Group in Korea, *G-2 Periodic Report*（『米軍事顧問團情報日誌』 1～2＋付録、春川、翰林大學校아시아文化研究所、1988）.

・Headquarter, United States Armed Forces in Korea, *G-2 Periodic Report*（『在朝鮮米軍司令部日日報告書』1～15、서울、日月書閣、1986年）.

・申福龍編『韓國分斷史資料集』 Ⅰ～Ⅵ、서울、原主文化社、1991年。

・Barbara W.Tuchman, *The Guns of August*（山室まりや訳『八月の砲声』東京、筑摩書房、1986年。）

・Bruce Cumings, *The Origins of the Korean War, Vol. Ⅰ: Liberation and the Emergence of Separate Regimes, 1945-1947* (Princeton, New Jersey : Princeton University Press, 1981).

・Bruce Cumings, *The Origins of the Korean War, Vol. Ⅱ: The Roaring of the Cataract, 1947-1950*（Princeton, New Jersey : Princeton University Press, 1991）.

・Bruce Cumings (ed), *Child of Conflict : The Korean-American Relationship, 1943-1953* (Seattle and London : University of Washington Press, 1983).
・Dae-sook Suh, *Korean Communism 1945-1980 : A Reference Guide to the Political System* (Honolulu : The University Press of Hawaii, 1982).
・Raymond Aron ; translated by Frank Jellinek, *The Imperial Republic : The United States and the World, 1945-1973* (Englewood Cliffes, New Jersey : Prentice-Hall Inc., 1974).
・Raymond Aron, *Peace and War : A Theory of International Relations* (New York : Frederic A. Praeger, Inc., 1967).
・Robert A. Scalapino & Chong-sik Lee, *Communism in Korea*, Ⅰ～Ⅱ (Berkeley & Los Angeles : University of California Press, 1972).
・Robert T. Oliver, *Syngman Rhee : The Man Behind the Myth* (New York : Dodd Mead and Company, 1955).

△論文その他
・Cold War International History Project, *Bulletin*, Issue 3／Issues 6-7 (Washington, D. C. : Woodrow Willson International Center for Scholars, Fall 1993／Winter 1995/1996).
・James Richter, "Reexamining Soviet Policy towards Germany during the Beria Interregnum", Cold War International History Project, *Working Paper*, No.3 (Washington, D. C., June 1992).

○ロシア文献
△単行本
・А. В. Торкунов, *ЗАГАДОЧНАЯ ВОЙНА――КОРЕЙСКИЙ КОНФЛИКТ 1950-1953 ГОЛОВ――*（下斗米伸夫・金成浩訳『朝鮮戦争の謎と真実――金日成、スターリン、毛沢東の秘密電報に

よる――』東京、草思社、2001年。)
・Jerrold L.Schecter (trn and ed), *Khrushchev Remembers : The Glasnost Tapes* (Boston・Tronto・London : Little, Brown and Company, 1990).
・『소련軍事顧問團長라주바예프의 6・25戦争報告書』1、서울、國防部軍史編纂研究所、2001年。
・全鉉秀編訳『쉬띄꼬프日記1946～1948』서울、大韓民國文教部國史編纂委員會、2004年。
・『러시아連邦國防省中央文書保管所 ソ連軍政文書、南朝鮮情勢報告書、1946～1947』서울、國史編纂委員会、2003年。
・沈志華『朝鮮戦争：俄國檔案館的解密文件』1～3、台北、中央研究院近代史研究所、2003年。

△論文その他

・「6・25内幕 모스크바 새証言 서울新聞發掘 蘇文書속秘史」1～25、『서울新聞』1995年5～8月。

○中国文献

△単行本

・『建国以来刘少奇文稿』第1冊、北京、中央文献出版社、2005年。
・柴成文・赵勇田『板門店谈判』北京、解放军出版社、1996年。
・王晓辉『东北抗日联军抗战记实』北京、人民出版社、2005年。
・军事科学院军事历史研究部『抗美援朝战争史』第1～3巻、北京、军事科学出版社、2000年。
・沈志华『毛泽东・斯大林与朝鲜战争』广州、广东人民出版社、2004年。

△論文その他

・徐相文「关于"毛泽东预言美军仁川登陆"的时间考」、『中共党史資料』73(北京、2000年3月)。

○韓国・朝鮮文献

△単行本

・韓太壽『韓國政黨史』서울、新太陽社出版局、1961 年。
・翰林大學校아시아文化研究所編輯『朝鮮共産黨文件資料集（1945〜46)』春川、翰林大學校出版部、1993 年。
・『北韓最高人民會議資料集』第Ⅰ輯：１期１次會議〜１期 13 次會議、서울、國土統一院、1988 年。
・『北韓關係史料集』1〜34、서울、大韓民國文教部國史編纂委員會、1982〜2000 年。
・金學俊『韓國戰爭：原因、経過、休戦、影響』서울、博明社、1989 年（鎌田光登訳『朝鮮戦争：痛恨の民族衝突』東京、サイマル出版、1991 年、113 頁。)
・金學俊著、Hosoka Yuji 訳『朝鮮戦争――原因・過程・休戦・影響』東京、論創社、2006 年。
・金俊燁・金昌順『韓國共産主義運動史』第１〜５巻、서울、高麗大學校亜細亜問題研究所、1964〜1976 年。
・金南植・李庭植・韓洪九編『韓國現代史資料叢書』１〜15、서울、돌베개、1986 年。
・金南植編『「南勞黨」研究資料集』第１〜２輯、서울、高麗大學校亜細亜問題研究所、1974 年。
・金南植『南勞黨研究』서울、돌베개、1984 年。
・金暎浩『韓國戰爭의　起源과　展開過程』서울、두레、1998 年。
・『決定集 1946. 9―1948. 3　北朝鮮勞動黨中央常務委員會』平壤、朝鮮勞動黨中央委員會、1948 年。
・『決定集　1946. 9―1951. 11　黨中央委員會』平壤、朝鮮労動黨中央委員會、1951 年。
・『決定集 1949. 7―1951. 12　黨中央組織委員會』平壤、朝鮮勞動黨中央委員會、1951 年。
・『決定集（1953 年度、全員會議、政治、組織、常務委員會)』平壤、朝鮮勞動黨中央委員會、1954 年。

・而丁朴憲永全集編集委員會『而丁朴憲永全集』１～９、서울、歴史批評社、2004年。
・蘇鎭轍『韓國戰爭의　起源——國際共産主義의　陰謀——』ソウル、圓光大學校出版局、1996年。
・徐仲錫『李承晩의　政治이데올로기』서울、歴史批評社、2005年。
・大韓民國國防部戰史編纂委員會『韓國戰爭史』第１巻、서울、東亜出版社、1967年。
・中央日報特別取材班編『秘録・朝鮮民主主義人民共和國』中央日報社、1992年。
・『朝鮮中央年鑑（1951-1952）』平壌、朝鮮中央通信社、1952年。
・『朝鮮労動黨大會資料集』１、서울、國土統一院、1980年。
・朴明林『韓國戰爭의 勃發과 起源』Ⅰ～Ⅱ、서울、나남出版、1997年
・朴明林『韓國1950：戰争과　平和』서울、나남出版、2004年。
・朴甲東『韓國戰爭과 金日成』서울、바람과 물결、1988年。
・方善柱編著『美國所在韓國史資料調査報告』Ⅲ「NARA所蔵RG242〈選別鹵獲文書〉外」、서울、大韓民國文教部國史編纂委員會、2002年。
・李承晩『獨立精神——一名獄中記——』서울、中央文化協會、1950年。
・李鍾奭『朝鮮勞動黨研究——指導思想과　構造變化를　中心으로——』서울、歴史批評社、1995年。
・李鍾奭『北韓鮮—中國關係1945～2000』서울、중심、2000年。
・呂政『붉게　물든　大同江：前人民軍師團政治委員의　手記』서울、東亜日報社、1991年。

△論文その他
・F. 샤브시나　꿀리꼬바「소련의　女流歴史学者가　만난　朴憲永」、『歴史批評』第25号（서울、1994年夏号）。
・姜尚昊「내가　치른　北韓粛清」、『中央日報』1993年１～10月。

・兪成哲「나의　證言」1～19、『韓國日報』1990年11～12月。
・『労動新聞』1950年6～8月分（ソウル光化門郵便局内「北韓資料センター」で閲覧、収集）。

○邦文献

△単行本

・石井明『中ソ関係史の研究 1945—1950』東京、東京大学出版会、1990年。
・黄民基編『金日成調書：北朝鮮の支配者——その罪と罰』東京、光文社、1992年。
・小此木政夫『朝鮮戦争：米国の介入過程』東京、中央公論社、1986年。
・神谷不二編『朝鮮問題戦後資料』第一巻、東京、日本国際問題研究所、1976年。
・グロムイコ・マリク・金日成・朴憲永『侵略者は誰か——朝鮮問題重要資料——』東京、極東問題研究會、1950年。
・高峻石『朝鮮 1945～1950　革命史への証言』東京、三一書房、1972年。
・高峻石『南朝鮮労働党史』東京、勁草書房、1978年。
・高峻石監修『朝鮮社会運動史事典』東京、社会評論社、1981年。
・高峻石編著『朝鮮革命テーゼ——歴史的文献と解説』東京、拓殖書房、1979年。
・佐々木春隆『朝鮮戦争／韓国編』上・中・下巻、東京、原書房、1976年。
・澤正彦『南北朝鮮キリスト教史論』東京、日本基督教団出版局、1982年。
・信夫清三郎『朝鮮戦争の勃発』東京、福村出版、1969年。
・信夫清三郎先生追悼文集編集委員会編『歴史家・信夫清三郎』東京、勁草書房、1994年。
・下斗米伸夫『モスクワと金日成：冷戦の中の北朝鮮 1945—1961』

東京、岩波書店、2006年。
・朱建栄『毛沢東の朝鮮戦争：中国が鴨緑江を渡るまで』東京、岩波書店、1991年。
・朝鮮民主主義人民共和国外務省編纂『朝鮮における内戦誘發者の正体を暴露する諸文書・資料（李承晩政府記録保存所から発見された諸文書）』祖国防衛全国委員会、1951年。
・永井陽之助『冷戦の起源』東京、中央公論社、1986年。
・『日本共産党の45年』東京、日本共産党中央委員会出版部、1967年。
・民族問題研究会『朝鮮戦争史：現代史の再発掘』東京、コリア評論社、1971年。
・林隠『金日成王朝成立秘史――金日成正伝――』東京、自由社、1982年。
・林英樹『内から見た朝鮮戦争』東京、成甲書房、1978年。
・和田春樹『金日成と満州抗日戦争』東京、平凡社、1992年。
・和田春樹『朝鮮戦争』東京、岩波書店、1995年。
・和田春樹『朝鮮戦争全史』東京、岩波書店、2002年。

△論文その他
・伊豆見元「朝鮮戦争をめぐる国際関係――ひとつの歴史的解釈――」、『コリア評論』87号（東京、1977年）。
・小此木政夫「民族解放戦争としての朝鮮戦争――革命認識の三類型――」、『国際問題』182号（東京、1975年）。
・信夫清三郎「現代史の画期としての朝鮮戦争」、『世界』1965年8月号。
・平松茂雄「朝鮮戦争の開戦と中国――中共系朝鮮人部隊の役割――」、『国際問題』209号（東京、1977年）。
・徐東晩「北朝鮮における社会主義体制の成立1945-61」東京大学大学院総合文化研究科国際関係論専攻博士学位論文。
・和田春樹「ソ連の朝鮮政策――一九四五年八月～十月」、『社会科学研究』第33巻第4号（東京、1981年11月）。
・森善宣「韓國反共主義이데올로기形成過程에 関한 研究――그 國際政治史的起源과 諸特徵――」、『韓國과 國際政治』第5巻第2号［通巻10号］、（서울、1989年12月）。
・森善宣「解放後の北朝鮮における『建国思想総動員運動』の展開」、『アジア経済』第34巻第10号（東京、1993年10月）。
・森善宣「B・カミングス著『朝鮮戦争の起源 第2巻「瀑布のとどろき1947～1950年」』」、『アジア経済』第34巻第11号（東京、1993年）。
・森善宣「朝鮮民主主義人民共和国の1948年憲法――制定過程から見たその政治的性格――」、『鹿児島県立短期大学商経論叢』第44号、175-202頁／同、第45号、73-95頁（鹿児島、1995年3月／1996年3月［2回連載］）。
・森善宣「朝鮮労働党の結成と金日成――朝鮮戦争の開戦工作との関連――」、『国際政治』第134号（東京、2003年11月）。

□その他
・Claude Lévi-Strauss, *Tristes Tropiques*（川田順造訳「悲しき熱帯」、泉靖一編著『世界の名著』59、東京、中央公論社、1972年。
・『レーニン全集』XXXI、東京、大月書店、1963年。

□インタヴュー等
・北京大学朝鮮文化研究所長・金景一教授との面談、北京大学、2005年2月4日。
・ハワイ大学教授・徐大粛から筆者宛の返信、2000年3月6日付。
・北朝鮮元文化宣伝副相・金鋼へのインタヴュー、太原、2004年9月25日。
・慶北大学校教授・全鉉秀から筆者へのメール返信、2007年5月4日。
・金東吉「蘇聯과 韓國戰爭：스탈린의 世界安保戰略의 再照

明、韓國戰爭　勃發起源」、2007 韓國學世界大會패널 4 ：韓國戰爭의　國際的再照明⑵、釜山벡스코、2007 年 8 月 24 日。

跋 文

言論人としての李錫寅の生涯

大國末津子

右から李錫寅、大國未津子、高橋正（千葉商科大学教授）の各氏。日本国際政治学会2002年度研究大会（2002年11月15〜17日、淡路夢舞台国際会議場）にて。

朝鮮半島の平和統一を願って言論ひと筋に邁進した統一日報の論説委員で時事コラムの筆者だったタイガー・リー(李錫寅)がこの世を去ってからすでに4年と8ヵ月が過ぎ去った。(2002年12月5日逝去。休養先の南伊豆で心筋梗塞のため急逝。享年82歳)

タイガー・リーは1920年、朝鮮京畿道安城で医者の家に生まれる。早稲田大学に留学中は早稲田大学名誉教授小林正之先生に可愛がられ、また煙山専太郎先生——愛と先見の人——から多大な影響をうけた。

また吉野作造先生からは民族と階級と戦争について大きな影響を受けた。

早稲田大学に留学後、学部3年のとき解放を迎える。日本帝国主義の学徒動員のさいは崔南善、李光洙など民族の錚々たる人士と論争した。解放後は在日朝鮮人連盟（朝連）の結成に加わり、白武外務部長を助け、外務部次長として宣伝などに活躍した。当時、朝鮮がひとつの国家となって独立するよう、多大の運動に走り回り、G·H·Qにも足しげく訪れた。しかし、“朝鮮人連盟”は次第に左傾していった。タイガー・リーは白武外務部長とともに「自由主義、民主主義」の方向を選び、たいへん危い目にあったが、朝鮮人連盟から脱退した。タイガー・リーは当時、呂運亨の「左右合作」運動に共鳴した。

万難を排してタイガー・リーは韓国へ帰り、ソウル新聞の政治記者として活躍し始めた。

しかし1950年6月25日、朝鮮戦争が勃発。北朝鮮はソ連製のタンクを先頭に、ものすごい勢いで南下、3日目にはソウルを陥落させた。

タイガー・リーは「新聞記者はつかまると殺されるから身分証明などは捨てろ」ということになっていたので、何も所持していなかった。しかし人民軍に捕らえられて、あわや処刑という土壇場に追いこまれた。銃殺されると宣告され、夫がもうこれまでよ、と覚悟をきめたとき、近づいてきた人民軍の少佐がいた。そして

「李君じゃないか？　何してるんだ？」

という。みると、早稲田の食堂などでよく会っていた上級生だった。

「ボクを殺すっていうんですよ。何もしていないのに……」

結局、新聞記者以外の仕事は何もしたことがないと夫は言い、しばらくその上級生は人民軍の将校と何やら話していたが、夫は救われた。

その時、北朝鮮軍は破竹の勢いで南進し、釜山近辺だけを残し、ほぼ韓国全土を３ヵ月で占領した。

もしアメリカ軍が仁川作戦に成功しなければ、朝鮮半島はソ連軍に後押しされた北朝鮮のものになっていたであろう。

＊

朝鮮半島の戦いはまだ終わっていない。1950年からもう57年も経っているのに、まだ終戦になっていないのだ。1953年も休戦協定を結び、終戦にはならなかった。

タイガー・リーはその後、ソウル新聞の政治部長となって活躍していたが、こんどは南の、すなわち韓国の国会議員の一人が

「タイガー・リーというのは日本で共産党の大ものだった」

とウソの密告をしたことにより、韓国の牢獄につながれる身となった。6ヵ月もの間、陽の目もみず、狭くきたない地下牢の中で、1日に小さな握りメシひとつだけ。電気拷問もあったが、タイガー・リーは牢獄中に響きわたるような大声で、電気拷問をして歩く男に言った。

「愛国の名において、そのような理不尽なことを行うのか。よし、おまえが愛国者か、この私が愛国者か、天の神よ、正しきを示し給え」と。あまりにも激しい大声のゆえか、その拷問の道具を持った男は、タイガー・リーには何もせず、翌日も来なかった。この牢獄で6ヵ月。のち裁判になったが、このときタイガー・リーは弁護士などつけず、自分で弁護に立ち無罪をかちとった。

1960年代に入ると西ドイツ政府からの招待で3回訪独。ブラント西独首相とは彼が外相のころから友人つきあいをし、統一について語り合った。

「ドイツは必ず統一する」と、冷戦のさなかにブラントは社会民主主義によって統一できるというのであった。こうした対話の中でタイガー・リーは韓国も必ず統一できるという気持になっていくであった。

1990年の春、タイガー・リーは東西の壁のとりはらわれたベルリンへ私を連れて行った。そして彼は、

「とうとう、ここまできたか――」

と大粒の涙をハラハラと落とすのであった。

「いつの日にか、韓国もまたひとつになることを願って」21世紀を迎えた。それをみるまでは死なないつもりであったのだろうか。

思えば、1973年のこと、タイガー・リーは大韓日報の論説委員のとき、幾度目かのドイツ訪問とイギリス訪問の帰りに立ち寄った東京で

「統一日報を日刊紙にするから手伝ってほしい」と、李栄根初代社長から懇請を受けて、統一日報に参画。毎日毎日、国際問題を書き続けた。「常に世界を見ている」が彼の信条だった。

1997年、ソウル言論人クラブからタイガー・リーは「ハンギル賞」を受賞。一筋をつらぬいた言論人としてたたえられた。

テポドン２号などを連続発射している北朝鮮は果たして、どこへ進もうとしているのか。最近では「米のパートナーになる」など、と北朝鮮では対話路線シフトが敷かれている。

果たして、朝鮮戦争の休戦協定はどうなるのか、そして、米国が北朝鮮と戦略的パートナーになり、南北統一実現のイニシアチブを取る可能性はどう動くのか、関心が持たれる。

＊

歴史をひもときながら、李錫寅は大きな地球儀を手でまわしまわしして「日本と韓国のことは森善宣がいるから大丈夫だ」と真剣にいうのであった。だから国際政治から眼がはなせないのだと繰り返しながら生き、そして死んで行った……。

（日本国際政治学会会員）

索　引

（本文と脚注について、姓名、重要事項、組織名を中心に作成した。韓国・朝鮮人の姓名は漢字表記を日本語読みした順序で配し、韓国式のハングル表記を括弧内に記す）

ア行

カ行

北朝鮮共産党　41, 60, 96, 98-99
北朝鮮人民会議　33-34, 58
北朝鮮（臨時）人民委員会　32, 55, 97
北朝鮮民主主義民族統一戦線（北朝鮮民戦）　78-79, 98
北朝鮮労働党（北労党）　22 頁以下　本書全般　——創立大会　99　——の権力構造 48, 99-100　——第 2 次全党大会　49, 70, 89, 116
「協力的な分断」構造　6, 191
許　ガイ（ホガイ）　61, 99-100, 104-106, 117-118, 128-129, 178, 108
許　憲（ホホン）　44, 78-80, 84, 89-90, 100-103, 106, 112, 163
許　成澤（ホソンテク）　42, 45
許　貞琡（ホジョンスク）　42, 44
姜　健（カンゴン）　46, 61, 163
姜　尚昊（カンサンホ）53, 63, 187
姜　進（カンジン）　100, 116
金　暎浩（キムヨンホ）　25
金　一（キミル）　73-75, 88
金　學俊（キムハクジュン）　22, 26-27
金　九（キムグ）　33, 99
金　局厚（キムグクフ）　56, 58, 115
金　景一（キムギョンイル）　25
金　奎植（キムキュウシク）　33
金　元鳳（キムウォンボン）　42, 44, 61
金　鎬（キムホ）　60
金　鋼（キムガン）　107, 119
金　策（キムチェク）　22, 30, 41-42, 45, 60, 106, 116, 145, 156, 163, 165, 180-181, 189
金　三龍（キムサムニョン）　100-101, 106, 108, 118, 150, 154, 157
金　正日（キムジョンイル）　53, 168, 186, 189, 190-191
金　成浩（キムソンホ）　88
金　昌満（キムチャンマン）　41, 60
金　大中（キムテジュン）　188, 192
金　達鉉（キムダルヒョン）　78
金　東吉（キムドンギル）　187
金　斗鎔（キムドゥヨン）　162
金　科奉（キムトゥボン）　40 頁以下　本書全般
金　廷柱（キムジョンジュ）　42-43

サ行

タ行

ナ行

ハ行

マ行

李　承燁（イスンヨプ）　42, 45, 100-101, 106, 108, 118, 133, 146, 150
李　庭植（イジョンシク）　61
李　東鉉（イドンヒョン）　192
李　範奭（イボムソク）　80, 89
李　炳南（イビョンナム）　42
李　英（イヨン）　78, 87
李　鏞（イヨン）　30, 42, 44, 111-115, 120
林　隠　119
リヒター（Richter, James）　88
林　英樹（イムヨンス）⇒　朴　甲東
ルーマニア労働党 167, 173
レーニン（Lenin, V. I.）　54, 74, 95, 171
麗水・順天事件　73, 87
冷戦（Cold War）　13, 110, 158, 188　　——の定義　18　　——の世界化　20, 182
レヴィ＝ストロース（Lévi-Strauss, Claude）　6, 9, 183
レベジェフ（Lebedev, N. G.）　51, 59
連合性新民主主義論　44
呂　運亨（ヨウニョン）　37, 40, 59, 96, 100, 116
呂　政（ヨジョン）63
ローシチン（Roshchin, N. V.）　150
ロマネンコ（Romanenko, A. A.）51, 55

ワ行

ワシリエフ（Vasil'ev）　170
和田春樹　22, 25, 27, 56, 79, 89-90, 118, 137, 142, 144, 148-150, 156, 171, 191-192

[著者紹介]
森　善宣（もり　よしのぶ）
1958年　福岡県大牟田市に出生。
1982年　金沢大学法文学部法学科卒業。
1985年　金沢大学大学院法学研究科（修士課程）修了。
1986年　ソウル大学校付属語学研究所韓国語高級班修了。
1990年　高麗大学校政経大学大学院（博士課程）修了。
1994年　鹿児島県立短期大学商経科専任講師。
1996年　富山国際大学人文学部助教授。
2000年～佐賀大学文化教育学部助教授。
〈主要な業績〉
「解放後の北朝鮮における『建国思想総動員運動』の展開」、『アジア経済』第34巻第10号、1993年10月、2～17頁。
「朝鮮労働党の結成と金日成——朝鮮戦争の開戦工作との関連——」、『国際政治』第134号、2003年11月、136～151頁。
「朝鮮半島の分断構造と平和構築」、『長崎平和研究』第17号、2004年11月、105～115頁。
〈研究動向〉
国際関係論の中の地域研究として朝鮮半島の現代政治を専攻。特に、朝鮮の解放から朝鮮戦争を経て南北朝鮮が安定的な競合関係に入る時期に焦点を当てて研究中。

6月の雷撃——朝鮮戦争と金日成体制の形成

2007年10月25日　初版第1刷発行

著　者＊森　善宣
発行人＊松田健二
発行所＊株式会社社会評論社
　　　　東京都文京区本郷2-3-10　tel. 03-3814-3861/fax. 03-3818-2808
　　　　　http://www.shahyo.com
印刷・製本＊倉敷印刷

アメリカ人宣教師と朝鮮の近代

ミッションスクールの生成と植民地下の葛藤

●李省展

A5判★3800円／0287-4

19世紀から20世紀初頭は、アメリカの海外宣教師熱の顕著な時期であった。神学生はキリスト教とアメリカ文化を扶植するエージェントとして東アジアに赴いた。朝鮮近代史におけるアメリカ型近代の受容と発展を解明。(2006・1)

韓国プロテスタントの南北統一の思想と運動

国家と宗教の間で

●李鎔哲

A5判★3200円／0875-4

八〇年代の韓国にあって、既存の政治秩序の批判的変革をめざし、対話と寛容をもって南北の平和的統一を図ろうとしたプロテスタントの運動。政府の対北朝鮮政策を転換させた。八〇年代を中心にした考察。(2007・9)

日本植民地教育の展開と朝鮮民衆の対応

●佐野通夫

A5判★7500円／0288

1920年代に「忌避」から「受容」へと転換したかのように見えたが、その底流には、朝鮮民衆の教育要求である民族教育が脈々と流れていた。解放後の教育へと接続した「受容」の中の抵抗を読み取る実証研究。(2006・2)

植民地権力と朝鮮農民

●松本武祝

A5判★3500円／0266-1

「産米増殖計画」に積極的に呼応した朝鮮人新興地主層の出現と、朝鮮農村に頻発する小作争議。旧来の支配／抵抗図式を越えて、植民地支配下の朝鮮農村社会の動態を明らかにする。(1998・3)

戦時下朝鮮の農民生活誌

1939～1945

●樋口雄一

A5判★3800円／0269-6

総動員体制が本格化した時代における植民地・朝鮮における農村状況と生活の実態を分析。当時の農民の衣食住の細部にわたる分析は、朝鮮人の強制連行・動員の背景を照らし出す。(1998・12)

朝鮮農村の〈植民地近代〉経験

●松本武祝

A5判★3600円／0286-6

植民地期と解放後の朝鮮の「近代」としての連続性に着目し、ヘゲモニー、規律権力あるいはジェンダーといった分析概念から、植民地下朝鮮人の日常生活レベルでの権力作用の分析を試みる。(2005・7)

近代日本の社会主義と朝鮮
●石坂浩一

A5判★3400円／0248-3

「脱亜入欧」をかかげた近代日本の変革をめざした近代日本の社会主義者たちは、そのはじめから民族・植民地問題としての朝鮮と向かい合わざるをえなかった。幸徳秋水・山川均から30年代日共—全協まで。(1993・10)

北朝鮮は経済危機を脱出できるか
中国の改革・開放政策との比較研究
●朴貞東／姜英之訳

A5判★3200円／0284-X

経済危機から脱出し、経済の再生と持続可能な成長は可能か。経済改革の具体的実態を分析し、中国の改革・開放政策と比較しながら、現在の対外経済環境に適応できる、改革・開放を本格化させる方向性を提示。(2004・8)

東アジアに「共同体」はできるか
●東海大学平和戦略国際研究所

A5判★2600円／1319

マレーシアのマハティール前首相は冷戦体制崩壊後（1990年）に、東アジア経済グループ構想を提案した。現在、東アジア共同体をめぐる新しい情勢の中で、日本は明治維新以来の転機を迎えている。(2006・1)

レーニン・革命ロシアの光と影
●上島武・村岡到編

A5判★3200円／1312-4

11人の論者によるボルシェビキの卓越な指導者・レーニンの理論・思想・実践の多角的な解明。革命ロシアの光と影を浮き彫りにする現代史研究の集大成。(2005・6)

二〇世紀の民族と革命
世界革命の挫折とレーニンの民族理論
●白井朗

A5判★3600円／0272-6

世界革命をめざすレーニンの眼はなぜヨーロッパにしか向けられなかったのか！　ムスリム民族運動を圧殺した革命ロシアを照射し、スターリン主義の起源を解読する。(1999・7)

21世紀　社会主義化の時代
過渡期としての現代
●榎本正敏編著

A5判★3200円／1452

資本主義世界はソ連型社会主義を崩壊させたが、一方では経済発展の中枢において、新たな社会主義化を準備し創出させる質的な変化が進行している。ネットワーク協働社会システムの形成によって進展しつつある。(2006・2)

1930年代・回帰か終焉か

現代性の根源に遡る

●桑野弘隆、山家歩、天畠一郎／編著

A5判★328頁★3400円＋税

総力戦体制以後。あるいは、国家の脱国民化。現在われわれは1930年代に起源を持つ一つの時代の終わりを生きているのではないか。
思想・文化・社会の分野における30年代を照射する共同研究。（2007・3）

ロシア・マルクス主義と自由

廣松哲学と主権の現象学Ⅱ

●渋谷要

四六判★264頁★2000円＋税

ネグリに学びつつ、エコロジズムと廣松社会哲学、マルクス経済学、現代物理学の諸成果を論述の手段として、近代資本主義国家を超えようとしたロシア・マルクス主義の破産を思想史的に再審する。（2007・8）

インドネシア残留元日本兵を訪ねて

●長洋弘

四六判★358頁★2400円＋税

敗戦のその日から彼らは、もう一つの戦争を赤熱のインドネシアで戦わねばならなかった。
望郷を胸に秘めた戦後60年、なぜ彼らは帰らなかったのか。元日本兵を現地取材するヒューマン・ドキュメンタリー。（2007・8）

アフリカ大陸史を読み直す

第1巻古代文明の母

●木村愛二

四六判★304頁★2600円＋税

歴史学の通説批判を楽しみ、知的好奇心をそそる歴史読本。誤解と曲解に満ちている近代ヨーロッパ系学者のエジプト古代記録の解釈。
その問題点をえぐり、古代エジプト文明の謎を解く。（2007・5）

アフリカ大陸史を読み直す

第2巻「火砲」の戦国史

●木村愛二

四六判★224頁★2300円＋税

ハリウッド映画では、もっぱら裸で槍一本しか持たない野蛮人として描かれ続けてきたアフリカ人が、実は大量の火砲を操って、ヨーロッパ人の侵略と戦っていた。アフリカ人自身が築いた大帝国がいくつもあった。（2007・5）

「WTCビル崩壊」の徹底究明

破綻した米国政府の「9・11」公式説

●童子丸開

B5判★230頁★4200円＋税

2001年9月11日の驚愕は文字通り世界を変えた。世界貿易センタービルの崩壊で起こった物理的事実を多くの人びとに知ってもらう。米国政府の「9・11」公式見解の虚構は事実によって崩壊した。（2007・9）